Heidrun Fronek

Köstlich und gesund
Süßes ohne Reue

Alternative Süßungsmittel: Trockenfrüchte, Dicksäfte, Sirup, Malzextrakt & Co. – auch für Diabetiker

Südwest

Inhalt

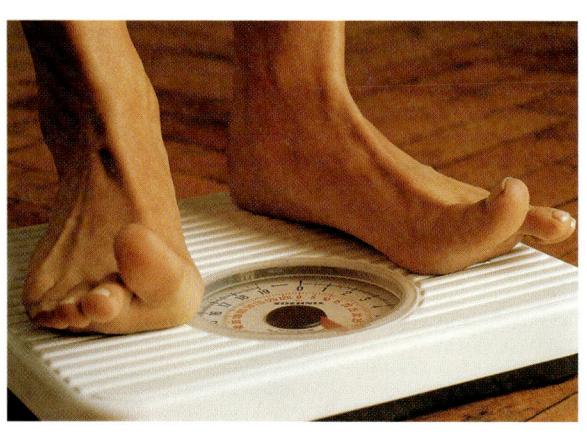

Sind Light-produkte wirklich leicht?

Süßes selbst zuzubereiten macht viel Spaß und spart Zucker.

Eisgekühlt ohne Zucker: der Apfel-Erdbeer-Drink.

Ein Klassiker einmal anders – Bratäpfel mit beschwipster Füllung.

Rund um Zucker

Zahlreiche Wissenschaftler beschäftigen sich schon seit langem mit dem Thema »Gesundheitswert von Süßigkeiten bzw. Zucker« und kommen zu vielen unterschiedlichen Meinungen. Zahnärzte warnen vor Karies, Mediziner befürchten nachteilige gesundheitliche Folgen durch Industriezucker, und Naturköstler lehnen raffinierten Zucker aus Überzeugung ab. Extreme Vertreter der natürlichen Ernährung lassen sogar, außer Honig, überhaupt kein Süßungsmittel zu! Die Mehrheit der Ernährungswissenschaftler ist für einen maßvollen Umgang mit Zucker, warnt aber vor Übergewicht, Karies und Mangelernährung, die bei einem hohen Zuckerverzehr zu erwarten sind. Die Zuckerindustrie dagegen kommt den Bedürfnissen der Verbraucher nach und versüßt ihnen mit Schokolade und Gummibärchen das Leben. Sie wirbt mit Aussagen wie: »Zucker macht das Leben süß«, oder: »Zucker ist Energie«, und suggeriert den Naschkatzen, dass ohne Zucker das Leben »nur halb so schön« wäre.

Fakten, Fakten, Fakten

Weltweit werden pro Jahr mehr als 100 Millionen Tonnen Zucker produziert. In Deutschland werden jährlich über 3,4 Millionen Tonnen Rübenzucker gewonnen. Während um 1900 der Verbrauch von Zucker bei etwa 6 Kilogramm pro Kopf und Jahr lag, essen Bundesbürger heute im Durchschnitt etwa 34 Kilogramm! Pro Kopf und Jahr kommen noch 1,4 Kilogramm Honig dazu, außerdem noch Süßstoffe, Zuckeraustauschstoffe und alternative Süßmittel. Die gute Nachricht: Wenigstens steigt der Zuckerverbrauch nicht mehr an. Die schlechte Nachricht: Schon vierjährige Kinder schlecken 50 Gramm Zucker täglich, etwa fünf bis sechs Esslöffel weiße Süße in Form von gezuckertem Brei, Süßigkeiten oder zuckerhaltigen Getränken. Das Neinsagen fällt

4

schwer, denn die Zuckerbäcker der Industrie erfinden ständig neue Süßkreationen. Geschickt werden Trends aufgegriffen, wie z. B. die zur Wellnesswelle passenden, mit Vitaminen und Mineralstoffen angereicherten Süßwaren.

Industrie und Wissenschaft

Ähnlich wie in der Butter/Margarine-Diskussion gibt es einen Zucker-/Süßstoffstreit. Neben den Zuckeraustausch- und Süßstoffen, die für Diabetiker und zur Herstellung von zahnschonenden Süßigkeiten als geeignet gelten, stehen neuerdings auch noch die alternativen Süßungsmittel zur Diskussion. Verbände und Manager beauftragen Wissenschaftler, die Schädlichkeit bzw. Gesundheitsvorteile ihres Produktes zu überprüfen. Die Ergebnisse der Studien werden medienwirksam verbreitet. Dabei besteht die Gefahr, dass Aussagen im Sinn der Auftraggeber geschönt werden.

Süßstoffe mit breiten Einsatzmöglichkeiten und möglichst ohne schädliche Nebenwirkungen haben weltweit eine große Nachfrage. Die Industrie forscht intensiv in den Bereichen der Pflanzeninhaltsstoffe und der Eiweißverbindungen, die Süßstoffcharakter besitzen. Dabei werden auch die Möglichkeiten der gentechnischen Erzeugung eingesetzt.

Auf Süßes zu verzichten, ist für viele Menschen nicht leicht. Ich möchte sogar behaupten, dass die meisten Menschen lieber gesundheitliche Risiken in Kauf nehmen würden, als ohne Zucker bzw. Süßigkeiten zu leben. Dieses Buch soll Ihnen einen Einblick in die Materie Zucker geben, und es versucht, das Thema kritisch zu beleuchten.

Die Rezepte im Anhang sollen Ihnen als Anregung dienen, einmal (oder öfter) andere Süßungsmittel auszuprobieren. Diese bieten zwar keine Lizenz zu unkontrolliertem Süßigkeitenverzehr, sind jedoch aufgrund ihrer Zusammensetzung und Herstellung raffiniertem Zucker vorzuziehen.

Mit fünf Stückchen Schokolade oder zwei Schokoküssen oder einer Hand voll Gummibärchen erreichen Kinder schon die empfohlene Höchstmenge an Zucker. Die versteckten Zucker in Ketchup und Colagetränken noch nicht eingerechnet. Erwachsene dürfen etwas mehr naschen: zwei Riegel Schokolade oder zehn Fruchtbonbons oder vier bis fünf Pralinen.

Was ist Zucker?

Isolierte und natürliche Zucker

Zuckerrohr ist, neben den Zuckerrüben, die wichtigste Quelle zur Gewinnung des weißen Haushaltszuckers. Nach der Ernte wird das Rohr in Stücke geschnitten, zerdrückt und aus dem austretenden Saft durch Kristallisieren und Reinigen der Zucker gewonnen.

Laut Zuckerartenverordnung wird Zucker als gereinigte, kristallisierte Saccharose unter den Bezeichnungen »Weißzucker«, »Halbweißzucker«, »Flüssigzucker«, »Invertflüssigzucker«, »Invertzuckersirup«, »Glukosesirup« angeboten.

Zucker wird aus Zuckerrüben oder Zuckerrohr gewonnen und industriell verarbeitet. Isoliert nennt man Zucker, weil er außer Zuckerbausteinen keine lebensnotwendigen Substanzen liefert. Dagegen kommen natürliche Zucker, verbunden mit Vitaminen und Mineralstoffen, in Lebensmitteln wie Obst, Milch oder Bier vor. Nebenbei versorgt uns der Biss in den Apfel mit Vitaminen, Mineralstoffen, Enzymen und Ballaststoffen, die zur Zuckerverwertung benötigt werden.

Kohlenhydrate – Basis einer vollwertigen Ernährung

Auf einen Blick – die wichtigsten Kohlenhydrate und ihre Vorkommen

Natürlicher Zuckergehalt in Früchten:
Weintrauben 15 Prozent
Bananen 12 Prozent
Äpfel 10 Prozent
Äpfel, getrocknet 42 Prozent
Birnen 9 Prozent
Rosinen 64 Prozent

● Einfachzucker (Monosaccharide):
Traubenzucker (Glukose, Dextrose) in Weintrauben, Obst
Fruchtzucker (Fruktose) in Früchten, Honig
Schleimzucker (Galaktose) Teil des Milchzuckers
● Zweifachzucker (Disaccharide):
Haushaltszucker (Saccharose) in Zuckerrüben, Zuckerrohr, Früchten
Malzzucker (Maltose) in Bier, Malzextrakt, keimende Getreide
Milchzucker (Laktose) in Milch, Milchprodukten

- Mehrfachzucker (Oligosaccharide):
Zuckergemische (z. B. Maltodextrine) in Lebensmittelzusatz
- Vielfachzucker (Polysaccharide):
Zellulose (Ballaststoff) in Gerüstsubstanz der Pflanzen
Stärke in Getreide, Kartoffeln, Hülsenfrüchte
Glykogen in Muskeln, Leber

Zucker ist der kleine Bruder von Kohlenhydraten wie Kartoffel-stärke oder Zellulose (ein Ballaststoff in Getreiden). Der entscheidende Unterschied: Bei Stärke und Zellulose sind Hunderte von Traubenzuckerbausteinen zu einem Vielfachzucker verknüpft. Beim Zucker sind nur ein Traubenzuckersteinchen mit einem Fruchtzuckersteinchen verbunden. Einfach aufgebaute Kohlenhydrate, z. B. in Weißmehlgebäck, Limonaden und Süßigkeiten, werden vom Körper rasch verwertet und sättigen nicht so lange. Der Hunger kommt schnell zurück. Dagegen hat der Körper mit Stärke viel Arbeit, bis er sie zu verwertbaren Traubenzuckersteinchen abgebaut hat. Auf diese Weise wird der Körper kontinuierlich mit Energie versorgt.

Stress? Sportturnier? Prüfungen? Ein Fall für Kohlenhydrate: Sie ernähren das Gehirn und steigern Leistung und Konzentration.

100 Gramm Zucker enthalten	
kJ/kcal	**1668/399**
Haushaltszucker (Saccharose)	99,6 g
Traubenzucker (Glukose)	0 g
Fruchtzucker (Fruktose)	0 g
Kalium	3–5 mg
Magnesium	0 mg
Kalzium	10–15 mg
Phosphor	0,3 mg
Eisen	0,1 mg

Zellulose kann unser Körper nicht spalten. Deshalb wird sie als Ballaststoff bezeichnet. Ballaststoffe lockern den Stuhl, pflegen die Darmflora und stärken damit unser Immunsystem.

Zuckerherstellung

Zucker wird – in unseren Breitengraden – aus Zuckerrüben gewonnen. Die Rüben werden in der Zuckerfabrik gewaschen, zerkleinert und erhitzt. Es bildet sich Saft, der 15 bis 25 Prozent Zucker enthält. Der Zucker wird mit Kalkmilch abgetrennt. Die klare Zuckerlösung wird eingedampft und eingedickt. Das geschieht in einer mehrstufigen Verdampfstation. Anschließend wird der Dicksaft in dampfbeheizten Kochapparaten weiter konzentriert, bis sich Kristalle bilden. Der neben den Zuckerkristallen entstandene Sirup wird in Zentrifugen abgetrennt. Übrig bleiben Rohzucker und Zuckermelasse. Aus Melasse werden Hefe, Alkohol, Futtermittel und Pharmaprodukte hergestellt. Die Zuckerkristalle des »rohen« Zuckers werden getrocknet und nach erneutem Auflösen noch einmal gefiltert und kristallisiert. Das Ergebnis ist eine Raffinade von besonders hoher Reinheit und Weißheit, aber auch frei von Vitaminen, Mineral-, Ballast- und sonstigen Biostoffen, die z. B. Möhren, Tomaten, Paprika und Getreide ihren hohen Nährwert verleihen. Raffinade ist übrigens die beste Zuckerqualität. Der »normale« Zucker aus dem Supermarkt ist als Grundsorte die billigste Handelsware; sie reicht für den Hausgebrauch.

Pflanzen wandeln Sonnenenergie in »Zuckerenergie« um. Nur wenige Pflanzen wie die Zuckerrübe oder das Zuckerrohr speichern Zucker direkt.

Zucker und Verdauung

Die Verdauung von Kohlenhydraten beginnt bereits im Mund. Der Speichel enthält Verdauungsenzyme (Speichelamylase= Ptyalin), die die langen Stärkeketten von Brot, Nudeln oder Erbsen in kleinere Zuckerketten spaltet, z. B. in Malzzucker. Sie leisten bereits Vorarbeit für die Hauptverdauung im Darm. Bei längerem Kauen werden lange Stärkemoleküle sogar in kurze Kettenstücke zerlegt, bis sie nur noch aus zwei Glukosebausteinen bestehen. Die kurzen Ketten gelangen dann über den Magen in den Dünndarm. Dort knacken Enzyme der Bauchspeicheldrüse und der Darmdrüse die restlichen Kettenstücke. Die Enzy-

1747 entdeckte der Berliner Naturwissenschaftler Andreas Sigismund Marggraf die Runkelrübe als eine Zuckerpflanze.

me arbeiten so lange, bis schließlich nur noch die einzelnen Zuckerbausteine, Glukose, Fruktose und Galaktose, übrig bleiben.

Glukosespeicher

Glukose wandert durch die Darmwand ins Blut und gelangt über die Blutbahnen in alle Körperzellen. Überschüssige Glukose wird in Leber und Muskulatur zu Glykogen umgewandelt und gespeichert; es dient als Reserve. Bei Bedarf wird das Glykogen wieder zu Glukose abgebaut und in das Blut abgegeben. Wir können jedoch nicht beliebig viel Glykogen speichern. Leber und Muskeln des erwachsenen Menschen können höchstens 400 Gramm Glykogen lagern – Energie, die noch nicht einmal für einen Tag reicht, die uns aber ermöglicht, plötzlich aufzustehen und zu laufen. Sind die Glykogenspeicher gefüllt und wird keine Glukose benötigt, wird der überschüssige Zucker in Fett umgewandelt. Da Haushaltszucker nur aus zwei Zuckerbausteinen zusammengesetzt ist, hat unser Körper bzw. seine Verdauungsenzyme nur wenig Arbeit damit, im Gegensatz zur Stärke, die aus mehreren Ketten besteht.

Wir essen Brot und Bananen, können aber nur die darin enthaltenen Stoffe nutzen. Diese Stoffe, wie z. B. der Zuckerbaustein Glukose, müssen im Körper freigelegt werden. Dazu dient, vom Mund bis zum Darmende, unser neun Meter langer Verdauungskanal.

Kauen Sie einmal etwas Brot ganz bewusst eine längere Zeit. Nach einigen Minuten schmeckt es süß. Die Brotstärke wurde in süße Zucker gespalten.

Glukose ist lebenswichtig

Glukose spielt im Stoffwechsel eine besondere Rolle und muss ständig in ausreichender Menge verfügbar sein. Sie ist Baustein wichtiger Zellbestandteile. Das Gehirn deckt seinen Energiebedarf ausschließlich durch Glukose. Wenn die Kohlenhydratvorräte leer sind (bei extremen oder lang andauernden Diäten), wird die Glukose aus Aminosäuren (=kleinste Eiweißbausteine) gebildet. Diese bezieht der Körper u.a. aus dem Muskeleiweiß, was zum Abbau der Muskelmasse führt. Bewegung und Sport können vor diesem unerwünschten Muskelabbau schützen.

Regulation des Blutzuckers

Die Aufrechterhaltung eines konstanten Blutzuckerspiegels ist lebenswichtig. Um Glukose zu verwerten, benötigt unser Organismus Insulin, ein Hormon, das in der Bauchspeicheldrüse gebildet wird. Insulin schleust den Nahrungszucker aus der Blutbahn in die Körperzellen. Dort wird der Zucker (=Glukose) verbrannt und liefert so Energie. Fehlt Insulin, kann der Zucker nicht verwertet werden. Der Zuckerspiegel im Blut steigt. Ein Teil des überflüssigen Zuckers wird über die Nieren ausgeschieden, denn zu viel Zucker im Blut ist genauso lebensbedrohend wie zu wenig.

Zucker und Sättigung

Da Zucker bereits größtenteils im Mund zerlegt wird und somit ohne lange Verdauungsvorgänge ins Blut gelangt, ist er für unseren Körper schnell verfügbar. Nach dem Verzehr von Zucker und zuckerhaltigen Lebensmitteln steigt der Blutzuckerspiegel rasch an. Die Bauchspeicheldrüse pumpt große Mengen Insulin ins Blut, das den Ansturm des Blutzuckers bewältigen soll. Zahlreiche Insulintaxis fahren den Blutzucker zur Energiebereitstellung in die Zellen und zur Leber. Der Blutzuckerspiegel sinkt

Über den Darm gelangt der Zucker ins Blut. Dort warten Insulintaxis, um den Blutzucker ins Gehirn, zu den Muskeln und zu anderen Körperzellen zu bringen. Fehlt der Zuckernachschub aus dem Darm, fühlt man sich unwohl, schwindlig, ist unkonzentriert. Es entsteht Lust auf Süßes.

durch diesen schnellen Abtransport jedoch stark bzw. unter das normale Niveau. Zu wenig Zucker im Blut bedeutet zu wenig Energie für Gehirn und Nerven. Leistungsabfall, Müdigkeit, Kopfschmerzen, Konzentrationsstörungen sowie Heißhungerattacken sind die Folge davon. Ein Teufelskreis, der im Englischen auch »Sugar Blues« genannt wird: Süßes lockt Süßes und macht nicht satt.

Ganz anders ist die Verdauung von stärkehaltigen Kohlenhydraten: Sie werden langsam in ihre Einzelbestandteile zerlegt. Zucker gelangt erst nach und nach in die Blutbahn. Es reichen wenige Insulintaxis. Die langsameren Zuckerschübe versorgen durchgehend Körperzellen und Gehirn. Neuere Studien bestätigen, dass Kohlenhydrate länger vorhalten als Fett, und widersprechen somit der landläufigen Meinung, Fettreiches sei besonders sättigend.

Süß macht glücklich!

Besonders in der kalten Jahreszeit klagen viele Menschen über Stimmungstiefs und Depressionen. Wer dann besonders auf Süßes steht, braucht sich keine Sorgen zu machen – das ist völlig normal. Denn unser Körper benötigt im Winter vermehrt kohlenhydrathaltige Lebensmittel. Essen wir etwas Süßes, setzt die Bauchspeicheldrüse den Transportstoff Insulin frei. Das Insulin schleust Tryptophan ins Gehirn. Die Gehirnzellen bauen aus dem Tryptophan das Glückshormon Serotonin auf. Und der Mensch fühlt sich gleich besser! Die volkstümliche Meinung, dass Zucker »Nervennahrung« sei, ist damit gerechtfertigt.

Ein Mangel an dem Glücksboten Serotonin kann für Depressionen und Traurigkeit verantwortlich sein. Die Bildung des Stimmungshormons ist neben der Zufuhr an Kohlenhydraten und Süßem abhängig von der Lichtintensität. Sobald es draußen dämmert, sinkt der Serotoninspiegel im Gehirn.

Wer den Appetit auf Süßes bremsen will, sollte es mit einem längeren Spaziergang an frischer Luft versuchen. Denn Sport,

An trüben Wintertagen ist die süße Lust am größten. Unsere Traditionen gehen mit zuckersüßen Festen und Weihnachtsbäckerei darauf ein. Obst oder Joghurt mit frischen Früchten bremsen genauso wie Knäckebrot mit Marmelade den Süßhunger.

Bewegung und Tageslicht steigern den Serotoninspiegel genauso wie Zuckerzeug. Auch Nudeln, Brot, Kartoffeln, Gemüse und Obst versorgen den Körper mit frohmachendem »Zucker«. Der Clou: Die Zucker werden langsam abgegeben und sorgen dafür, dass der Stimmungsstoff Serotonin gleichmäßig über den Tag produziert wird. Unsere Gefühlszentrale wird gut versorgt, so dass erst gar keine Depressionen oder »Süßhunger« entstehen. Besonders effektiv gegen schlechte Laune wirken »langsame« Zucker, kombiniert mit Eiweißbausteinen, wie z. B. Milchshakes mit frischen Früchten, Marmeladenbrot mit Quark, Grießpudding mit Obstsaucen, Nudeln mit Käsesauce.

Laut einer amerikanischen Frauenzeitschrift greifen Frauen 22-mal häufiger zu Schokolade als Männer. Der Grund: Nach dem Eisprung sinkt der Serotoninspiegel im Körper. Die Folge sind wechselnde Stimmungen, die mittels Schokolade zumindest ein bisschen gemildert werden können.

Der Blick aufs Etikett lohnt sich

Lebensmittel mit einem hohen Zuckergehalt erkennt man sofort, wenn man die Zutatenliste studiert. Steht Zucker am Anfang der Liste, ist relativ viel davon im Lebensmittel enthalten.

Der Name sagt es: Auf der Zutatenliste müssen alle Zutaten, die bei der Herstellung des Lebensmittels verwendet wurden, aufgeführt sein. Die Aufzählung der Zutaten folgt nach ihrem Gewichtsanteil. An erster Stelle der Liste steht die Zutat, von der die größte Menge verwendet wurde. An letzter Stelle findet man die Zutat mit der kleinsten Menge.

Doch nicht nur (Haushalts-)Zucker versüßt das Leben und die Lebensmittel. Der Hinweis »(Kristall)zuckerfrei« oder »ohne Zuckerzusatz« bedeutet nur, dass Haushaltszucker (=Saccharose) fehlt. Andere Zucker und Süßungsmittel sind trotzdem erlaubt und oft enthalten.

Zucker mit Tarnkappe

Achten Sie einmal auf Begriffe wie »Dextrose«, »Glukose« (=Traubenzucker), »Fruktose« (=Fruchtzucker), »Maltose«, »Maltodextrine«, »Malzextrakt« (=Malzzucker), »Glukosesirup«

(=Stärkesirup), »Invertzucker«. Das sind die Namen der engen Verwandten des Haushaltszuckers. Sie wirken genauso wie der Zucker selbst. Ein weiterer Zuckertrick: Es werden viele verschiedene Arten von Zuckern in kleiner Menge eingesetzt. Würde man alle Zuckerarten zusammenrechnen, müsste Zucker die Zutatenliste anführen!

Vorsicht vor versteckten Zuckern

Wussten Sie schon, wie viel Zucker sich in unseren Lebensmitteln versteckt? Z. B. stecken in einem Schokoriegel 19 Stück Würfelzucker, in einem Glas Limo sind es elf Stück Würfelzucker, in einem Glas Apfelsaft immerhin noch acht Stück. Nicht nur Nascherereien wie Schokolade, Bonbons und Kuchen enthalten Zucker, sondern auch Limonaden und Fruchtsaftgetränke tragen erheblich zum Zuckerkonsum bei. Bevorzugen Sie als Durstlöscher Mineralwässer, ungesüßte Früchtetees und Fruchtsaftschorlen aus 100-prozentigem Fruchtsaft. Fruchtnektar und Fruchtsaftgetränke sollten Sie lieber im Regal stehen lassen. Sie sind mit Wasser gestreckt und mit großen Zuckermengen gesüßt.

Lassen Sie sich nicht durch Bezeichnungen wie Traubenzucker, Dextrose, Stärkezucker, Maltodextrin oder Glukosesirup irreführen. Diese Begriffe stehen auch nur für Zucker.

Limonaden haben nicht mehr viel mit Fruchtsaft gemeinsam. Sie enthalten überwiegend Wasser, Aromastoffe, große Zuckermengen und manchmal auch geringe Mengen an Fruchtsaft. Sie sind demnach keine idealen Durstlöscher.

13

Wird auf einem Lebensmittel der Nährstoffgehalt ausgewiesen, muss der Hersteller nach neuem EU-Recht die Nährwertangaben präzisieren. Während es bis vor kurzem genügte, die Süße aus Früchten, Dicksäften und Honig zu verschweigen und deren Menge und Kaloriengehalt unter der Bezeichnung »Kohlenhydrate« aufzulisten, muss jetzt zwischen den einzelnen Kohlenhydraten unterschieden werden.

Zucker versteckt sich fast überall

Zucker ist nicht nur in Süßigkeiten, Säften und Obstkonserven zu finden, sondern auch in Lebensmitteln, bei denen man ihn weniger vermutet. Zucker ist in vielen Lebensmitteln enthalten, um säuerlichen oder bitteren Geschmack zu entkräftigen, Zutaten haltbar zu machen oder eine Sauce abzurunden. Ketchup enthält beispielsweise 20 bis 30 Prozent Zucker, Frühstücksflocken um die 25 Prozent, Senf 15 Prozent, Rotkraut aus der Dose zwölf Prozent, Fertigsalatsaucen locken mit zehn Prozent Zucker. Und natürlich auch Babynahrung, bei der man auf zuckerfreie Produkte hofft, enthält zum Teil nicht unerhebliche Zuckermengen. Die Programmierung auf »Süß« beginnt mit: Kindergrieß bis zu 30 Prozent Zucker, Milchnahrung bis nahezu 52 Prozent, Kinderteegranulat sogar bis zu 96 Prozent Zuckergehalt. Eltern würden sonst nachzuckern, verteidigen sich die Babybreiköche der Industrie. Schade, denn Babys schmecken »süß« viel intensiver als Erwachsene.

Lust auf Süßes – woher kommt sie?

Eines ist sicher: Süßes ist beliebt bei Jung und Alt, und sein Verzicht fällt schwer. Doch woher kommt diese Lust auf Süßes? Ist sie angeboren, anerzogen oder etwa ein natürliches Bedürfnis? Machen Süßigkeiten süchtig, oder sind die vielen Diäten daran schuld, dass gerade Süßes immer wieder im Mittelpunkt steht?

Die Lust auf Süßes scheint angeboren. Die Lust auf Süßorgien ist Gewohnheit. Süßigkeiten verbieten, ist zu bitter. Kinder sollten süße Naschereien als Genuss erleben, den man bewusst dosiert. Die beste Vorbeugung gegen Esssucht!

Babys erste Wahl

Die Lust auf Süßes ist wahrscheinlich angeboren. Darüber streiten sich aber noch die Wissenschaftler. Unter den vier Geschmacksrichtungen »süß«, »sauer«, »salzig« und »bitter« spielt der Süßgeschmack eine besondere Rolle. Bereits bei Säuglingen in den ersten Lebenstagen kann man die Vorliebe für »süß«

erkennen. Süßlich schmeckt das Fruchtwasser im Mutterleib, und auch die Muttermilch ist süß. Ob diese ersten Geschmackseindrücke prägen? Babys lächeln, wenn man ihnen Zuckerwasser auf die Lippe tropft. Kleinkinder essen mehr von einer Speise, wenn diese zuvor gesüßt wurde. Erwachsene, die in einer Kultur ohne süße Nahrungsmittel aufwuchsen, bevorzugen spontan die süße Richtung, wenn ihnen Süßes zur Verfügung steht. Eine Beobachtung, die Forscher bei abgelegenen Eskimostämmen machten.

Aber nur, weil die Vorliebe auf süß angeboren ist, rechtfertigt sie nicht unkontrollierte Nascherei. Wie viel Süßes man verzehrt, ist in erster Linie Gewohnheit. Wurde ein Baby mit gezuckertem Brei gefüttert, wird es auch später nach süß schmeckenden Speisen verlangen. Wer als Kleinkind mit zuckersüßem Tee oder Saft verwöhnt wurde, trinkt Tee oder Kaffee wahrscheinlich auch nicht »ohne«.

Diäten und Süßhunger

Verbot von Pralinen und Schokocreme! Die meisten Diäten schließen Lebensmittel völlig aus, die zuckerreich sind. Aber gerade dann ziehen Süßbomben magisch an. Ein nahezu unstillbares Verlangen nach Süßigkeiten, das – psychologisch erklärt – aus dem Verbot heraus entsteht. Denn wie bei den meisten Dingen ist immer das am interessantesten, was man nicht haben kann! Problematisch wird es, wenn man das (selbst) auferlegte Süßigkeitenverbot durchbricht. Die rigiden Verbote führen zu einer »Jetzt-ist-es-auch-egal«-Reaktion.

Statt mit Genuss einen Riegel Schokolade zu essen, wird mit schlechtem Gewissen (und wenig Genuss) die ganze Tafel vertilgt. Anschließend bestraft man sich mit neuen (vielleicht noch strengeren) Vorschriften. Strikte Regeln, die kaum einzuhalten sind. Und das Karussell von Vorschriften, Verlangen, Versagen, Vorwürfen und neuen Vorschriften dreht sich. Es gibt einen Ausweg: Wer sich hin und wieder etwas Süßes erlaubt, hält

Schokolade enthält Phenylethylamin, eine Substanz, die vermehrt im Blut zu finden ist, wenn wir uns verlieben. Aber zu viel Schokolade macht dick und unglücklich.

Diäten und Vorsätze für gesundes Essen besser durch. Außerdem versorgen Diäten den Organismus meist mit relativ viel Eiweiß. Untersuchungen ergaben, dass nach einer eiweißreichen Kost Kohlenhydrate bevorzugt werden. Obst, Nudeln, süße Getreidegerichte stillen den Heißhunger besser als Zuckerwerk.

Macht Schokolade high?

In Schokolade sind kleinste Verbindungen enthalten, die die Stimmungslage positiv beeinflussen können. Diese Stoffe werden Endorphine und Exorphine genannt und können den Körper in hohen Konzentrationen, ähnlich wie Haschisch, in einen Rauschzustand versetzen. Allerdings wären fast 12 000 Tafeln Schokolade nötig, um diese Wirkung zu erfahren. Der Verzehr von Schokolade scheint manchen Menschen dennoch gute Laune zu bringen. Neben Endorphinen und Exorphinen liefert Schokolade außerdem Koffein und Theobromin, die ebenfalls belebend wirken. Doch auch diese Stoffe kommen nur in sehr geringen Konzentrationen vor. Möglicherweise könnte auch die Faszination der braunen Masse an der Kombination der anregenden Stoffe mit mehr als 450 Aromakomponenten, in zartem Schmelz von Milch, Kakaobutter und Zucker liegen.

Der Kakao der Schokolade enthält Oxalsäure, die mit Kalzium schwer lösliche Komplexe bildet und so zu einer verminderten Kalziumverfügbarkeit führen kann. Wer mit Nierensteinen zu kämpfen hat, sollte Schokolade mit Vorsicht genießen.

Süße Freuden auch für Diabetiker

Lange Zeit mussten Diabetiker auf Süßes verzichten. Erst mit der »Entdeckung« des Diabetikermarktes produzierten Süßigkeitenhersteller süßen Genuss auch für Zuckerkranke.
Anstelle von Zucker werden Süßstoffe oder Zuckeraustauschstoffe als Süßungsmittel eingesetzt. Ersetzt man Zucker durch Zuckeraustauschstoffe, ändert sich kaum etwas am Energiegehalt. Das bedeutet, dass Diabetikerprodukte meist genauso viel Kilokalorien enthalten wie vergleichbare »normale« Lebensmittel. Süßstoffe hingegen sind kalorienfrei, dafür hinsichtlich ihrer Unbedenklichkeit umstritten (siehe Seite 34ff.).

Lassen Sie sich nicht von Lightprodukten täuschen. Nicht alles, wo Light oder Diät draufsteht, ist auch wirklich kalorienarm! Diät steht für bestimmte Ernährungsformen, z. B. Kost für Diabetiker oder Cholesterinkranke. Dabei werden entweder bestimmte Nährstoffe weggelassen, die von den Erkrankten nicht vertragen werden, oder durch andere Nährstoffe ersetzt (Zuckeraustauschstoffe, ungesättigte Fettsäuren etc.).

Light bedeutet übersetzt leicht und kann neben fettarm bzw. fettreduziert auch leicht bekömmlich oder locker und luftig bedeuten. Der Begriff ist nur für einige Milchprodukte gesetzlich definiert. Leichter Käse darf höchstens 32,5 Prozent Fett haben, leichter Quark 12,5 Prozent und leichter Joghurt maximal 1,8 Prozent. Aber von Natur aus leichte Lebensmittel dürfen nicht mit »light« werben.

● Fettreduzierte Lebensmittel müssen mindestens 40 Prozent weniger Fett enthalten als das herkömmliche Produkt.

● Kalorienarm sind Lebensmittel, die nicht mehr als 50 Kilokalorien in 100 Gramm des verzehrfertigen Lebensmittels enthalten.

● Kalorienreduzierte Lebensmittel liefern mindestens 40 Prozent weniger Energie als vergleichbare normale Lebensmittel.

Neue Empfehlungen bei der Diabetesdiät: Auf vollwertige Kost zu achten, ist wichtiger, als Zucker (Broteinheiten) zu zählen. Die Zuckergehalte der Lebensmittel schwanken so stark, dass eine genaue Zuckerberechnung (mit Broteinheiten = BE) gar nicht möglich ist. Wer ausgewogen isst, braucht keine Diabetikerprodukte.

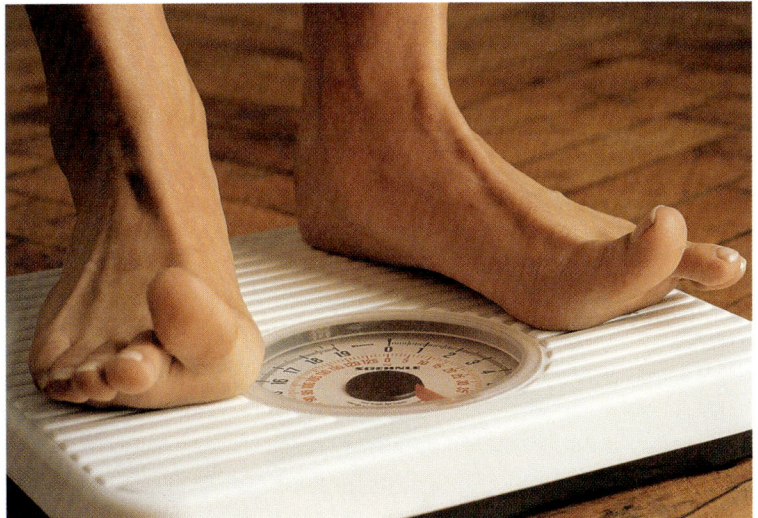

Lightprodukte müssen nicht unbedingt wenig Kalorien enthalten. Wer auf sein Gewicht achtet, sollte lieber Lebensmittel bevorzugen, die von Natur aus »light« sind. Obst und Gemüse dürfen nahezu unbegrenzt verzehrt werden.

Krank durch Zucker?

Dem Zucker wird viel angelastet: Ob als Vitaminräuber, Zahnkiller, Dickmacher oder als Verursacher von Diabetes mellitus und Darmkrankheiten. Macht Zucker tatsächlich krank?

Empfehlungen zum Zuckerverzehr

Etwa 55 Prozent der Kilokalorien, die wir täglich zu uns nehmen, sollten – so die Deutsche Gesellschaft für Ernährung (DGE) – aus den Kohlenhydraten kommen. Zucker sollte höchstens einen Anteil von 10 Prozent ausmachen. Gemeint sind nicht nur die sichtbaren Zuckermengen. Auch alle anderen Zucker, die sich in Schokolade, Bonbons, Fertiggerichten oder Süßspeisen verstecken, müssen mitgerechnet werden. Da ist das Maß schnell voll! Nur 10 bis 25 Prozent des Zuckers »sehen« wir beim Naschen. Der Rest wandert mit Süß- und Backwaren, süßen Getränken, süßen Brotaufstrichen und Fertiggerichten, Ketchup und Saucen fast unbesehen in den Mund. Kinder sollten nicht mehr als 80 bis 200 Kilokalorien (das entspricht 20 bis 50 Gramm Zucker pro Tag, je nach Alter) in Form von Süßigkeiten verzehren. Allerdings ist auch hier das Ziel schnell erreicht: Fünf Stückchen Schokolade, zwei Negerküsse oder eine Hand voll Gummibärchen beinhalten diese Mengen.

Zucker als Vitaminräuber

Kohlenhydrate können im Stoffwechsel nur dann verwertet werden, wenn genügend Vitamine der B-Gruppe vorhanden sind. Ohne das Schlüsselvitamin B1 (=Thiamin) können Kohlenhydrate, ob aus Brötchen, Bananen oder Bonbons, nicht ausgenutzt werden. Reich an Vitamin B1 sind Vollkornprodukte, Hülsenfrüchte und Fleisch.

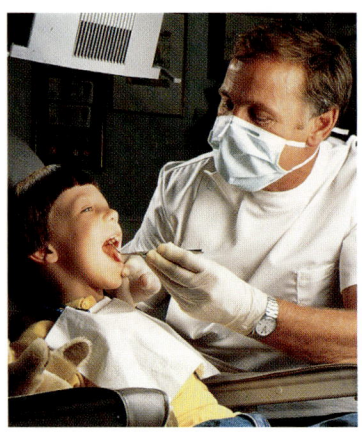

Übermäßiger Zuckerkonsum schadet den Zähnen. Sind sie erst einmal angegriffen, kann der Schaden nur noch begrenzt werden. Ein defekter Zahn bleibt für immer defekt.

Bekannt wurde die Bedeutung des Vitamins B1 durch Beri-Beri, einer klassischen Vitamin-B1-Mangelkrankheit. Beri-Beri findet man heute noch in sehr armen Ländern. Muskelschwäche und Lähmungen bis hin zu Nervenentzündungen sind die Symptome dieser Krankheit.

Haushaltszucker liefert selbst keine Vitamine. Aber zu seinem Abbau werden B-Vitamine benötigt, weswegen er auch als Vitaminräuber bezeichnet wird. Vollkornprodukte dagegen bringen die für ihren Abbau benötigten Vitamine gleich mit. Bei einem hohen Zuckerkonsum und vitaminarmer Ernährung kann es unter Umständen zu Mangelerscheinungen kommen. Vitamin B1 ist besonders wichtig für Nerven, Herz und Muskeln.

Macht Zucker zahnlos?

Jedes dritte Kind im Alter von sechs Jahren hat Karies. Nur zehn Prozent der Zehnjährigen haben kariesfreie Zähne. Das muss nicht sein, denn schon im Babyalter können die ersten Meilensteine für eine kariesfreundliche Ernährung gelegt werden.

Kariesentstehung

Schon das Baby erhält zuckrige Kost, Lieblingsspeise für die ungeliebten Kariesbakterien. Karies wird im Zahnbelag durch Bakterien verursacht, die aus den kleinsten Zuckerbausteinen Säuren bilden. Diese Säuren greifen den Zahnschmelz an. Je länger die Säuren auf den Zähnen wirken können, desto eher entsteht Karies. Genauso zahnnagend wirken saure Lebensmittel wie Zitrusfrüchte, Sauermilchprodukte, säuerliches Obst. Nahrungsmittel wie Trockenobst, Honig oder Kaubonbons sind besonders schädlich für die Zähne. Sie haften zwischen und an den Zähnen fest und wirken dadurch länger ein.

Das Zahnmännchen

Lebensmittel mit Zahnmännchen markiert enthalten keinen gewöhnlichen Haushaltszucker. Süßigkeiten werden anstelle von Zucker mit Süßstoffen oder Zuckeraustauschstoffen gesüßt. Für den Verbraucher erkennbar sind die zahnfreundlichen Süßigkeiten an dem Logo »Zahnmännchen mit Schirm«. Dieses

Zuckeraustauschstoffe – mit Ausnahme des Fruchtzuckers – können von Mundbakterien nicht zu Säuren vergoren werden. Tauscht man leicht vergärbare Zucker wie Haushaltszucker gegen Zuckeraustauschstoffe aus, sinkt die Kariesgefahr. Der große Nachteil liegt jedoch darin, dass Zuckeraustauschstoffe abführend wirken. Bei Kindern genügen schon drei Bonbons und alles »geht in die Hose«.

Üppige Schlemmereien wie Marzipan, Nugat, Pralinen, sahnige Desserts, nussiges Gebäck und cremige Torten überziehen schnell das Kalorienkonto! Naschen Sie leicht mit Biskuit, Gummibärchen, Fruchtbonbons oder Obstsorbets.

geschützte Markenzeichen wird nur an diejenigen Produkte verliehen, die einem strengen Prüfverfahren unterliegen. Dabei wird nachgewiesen, dass die Zähne durch den Genuss nicht geschädigt werden. Dagegen sind Werbewörter wie »zahnschonend« oder »zahnfreundlich« nicht geschützt. Ein Verbot für alle Süßigkeiten ist nicht nötig. Der richtige Umgang ist ausschlaggebend. Süßigkeiten am besten zu den Mahlzeiten und nicht zwischendurch essen. Danach Zähne putzen. Eltern sollten ihren Kindern keine Nuckelflaschen mit zuckerhaltigen Getränken zur Beruhigung überlassen (»Nursing bottle syndrom«). Ungesüßte Tees sind eine gute Alternative.

Zu viel Süßes macht dick!

Überzählige Zuckerkalorien

Brötchen, Marmelade, dazu gezuckerter Kaffee? Mit einem Start dieser Art in den Tag kommt der Hunger schnell wieder. Dagegen halten Vollkornbrot, Obst und Gemüse länger vor. Ein gehäufter Teelöffel Zucker entspricht ungefähr dem Zuckergehalt eines Apfels, der gerne als Zwischenmahlzeit verzehrt wird. Ein Glas Apfelsaft dagegen liefert bis zu vier Teelöffeln Zucker. Wer Zucker einsparen möchte, sollte frische Äpfel bevorzugen.

Quarkspeisen werden locker-cremig, wenn man statt Sahne kohlensäurereiches Wasser nimmt. Diätschokolade hat genauso viel Kalorien wie normale Tafeln.

Süßigkeiten mit natürlichem Zuckergehalt stillen das Verlangen nach Süßem oft genauso gut, man isst aber insgesamt weniger Zucker und führt gleichzeitig noch wertvolle Nährstoffe wie Ballaststoffe, Mineralstoffe und Vitamine zu. Doch Zucker ist nicht der einzige Dickmacher in Süßigkeiten. Im Gegenteil: Wissenschaftliche Untersuchungen zeigten, dass erst bei einem Verzehr von mehr als 500 Gramm Zucker pro Tag dieser in Körperfett umgewandelt wird. Die wirklichen Dickmacher sind die Fette, die Schokolade, Pralinen und Desserts so schön cremig und schmackhaft machen. Denn Fette umschmeicheln Zucker und verstärken seinen Geschmack.

Für die Figur ist das allerdings ein Alptraum: Denn der Energiegehalt von Fetten (9 kcal/g) ist doppelt so hoch wie bei Zucker
(4 kcal/g). Fettreiche Süßigkeiten füllen Pölsterchen an Hüften,
Bauch und Po viel schneller als zuckrig-leichte Naschereien wie
Bonbons, Gummibärchen oder Fruchteis. Wer also Süßes liebt,
sollte vor allem fettarme Süßigkeiten auswählen.

Verdauungsprobleme durch Zucker

Kuchen, Süßes und Weißbrot sind ausgesprochen ballaststoff-
arm. Ballaststoffe sorgen für eine geregelte Verdauung, indem
sie im Darm quellen und ihn zu verstärkter Eigenbewegung an-
regen. Fehlen sie in der Nahrung, wird der Darminhalt zäh und
drückt auf die Darmwände. Ständig unter Druck stülpen sich
die Darmwände aus und bilden Taschen, die sich entzünden
können. Bei Krämpfen oder Durchfall kann die Ursache an Bakterien liegen, die sich bei großen Zuckermengen im Darm stark
vermehren und die Darmschleimhaut reizen können.

Pilze im Darm

Pilze werden ebenfalls als Folge zuckerreicher Ernährung be-
nannt. Sie lieben Süßigkeiten, helles Mehl, süße Getränke und
Alkohol. Pilze, insbesondere die so genannten Candidaspezies,
finden Ärzte in 60 bis 80 Prozent der Stühle gesunder Menschen.
Hefepilze sind nicht nur im Darm, sondern nahezu überall im
Körper nachzuweisen. Erst wenn das natürliche Gleichgewicht,
die Mikroflora, im Darm gestört wird, kann es zu einer übermä-
ßigen Zunahme von Pilzen kommen, die krank machen können.
Die Pilze werden verantwortlich gemacht für zahlreiche Krank-
heitssymptome wie Gemütsschwankungen, Übergewicht, Kopfschmerzen, Migräne und Verstopfung. Inwieweit die Beschwer-
den von der Zahl der Pilze im Darm abhängt, bleibt umstritten.
Ebenso streiten sich Experten über Anti-Pilz-Diäten.

Der Darm hat eine wichtige Schutzfunktion in unserem Körper. Darmschleimhäute und Darmbakterien halten Giftstoffe und Krankheitserreger zurück und entsorgen sie im Stuhl.

Was bedeutet Zuckerkrankheit?

Bei Diabetes mellitus, im Volksmund Zuckerkrankheit genannt, ist die Arbeit des Transporthormons Insulin gestört. Der Zucker kann nicht oder nur ungenügend in die Zellen geschleust werden. Viele Diabetiker sind auf die Insulingabe angewiesen, um einen zu starken Blutzuckeranstieg zu vermeiden. Eine Überzuckerung kann zu einem lebensgefährlichen Koma führen. Erste Anzeichen eines Diabetes mellitus können starker Durst, häufiges Wasserlassen, vertiefte Atmung oder Müdigkeit sein.

Ist ein Diabetiker nicht ausreichend mit Insulin versorgt, lagert sich der übermäßige Blutzucker in der Blutbahn ab. Die Folgen sind u.a. schlecht durchblutete Hände und Füße.

Ist Zucker schuld an der Zuckerkrankheit?

Jein. Denn es gibt zwei Diabetestypen: Beim jugendlichen Diabetes bzw. Diabetes-Typ-I ist die Insulinproduktion gestört infolge einer Infektion oder durch Vererbung. Der so genannte Altersdiabetes bzw. Diabetes-Typ-II wird häufig durch Übergewicht ausgelöst. Übergewicht wiederum isst man sich an, auch mit zu viel Zuckerwerk. Zuckerreiche Ernährung als Ursache für die Zuckerkrankheit wird von Medizinern immer wieder verneint. Kritiker dieser Auffassung sehen jedoch einen statistischen Zusammenhang: Die Zahl der Zuckerkranken stieg nach dem Krieg parallel zu dem steigenden Verzehr von Zucker und Süßigkeiten.

Verursachen erhitzte Zucker Krebs?

Bei der Karamellisierung von Zucker entstehen Krebs erregende Stoffe. Wer sicher gehen will, reduziert Naschwerk mit Karamell und Krokant.

Erhitzt man Zucker in Pfanne oder Backofen, entsteht eine bräunliche Masse. Die schmeckt nicht nur süß, sondern fein, aromatisch nach Karamell. Was so einfach aussieht, ist ein komplizierter chemischer Prozess, bei dem im Karamell etwa 80 verschiedene neue Stoffe entstehen. Einer davon ist Hydroxymethylfurfurol, abgekürzt HMF. HMF ist ein Qualitätsmerkmal bei Honig. Nun wurde bei Tierversuchen festgestellt, dass HMF in höheren Konzentrationen Krebs auslösen kann. HMF entsteht in allen Lebensmitteln, bei deren Verarbeitung Zucker erhitzt wird. So auch bei Karamell und in der Kruste von Brot und Kuchen. Schädlich wirkt dieser Stoff erst in höheren Konzentrationen, die allerdings bei einigen Karamellprodukten nachgewiesen werden konnten (ÖKO-Test, 4/97). Schonende Herstellungsverfahren zahlen sich aus: Karamell- und Krokant-spezialitäten aus Naturkostladen und Reformhaus lagen unter der HMF-Nachweisgrenze (Deutscher Reformhausverband).

Schadet Zucker der Haut?

Aknepickel in der Pubertät verschwinden, wenn Schokolade und andere Süßigkeiten gestrichen werden. Das zeigt zwar die Erfahrung, ist aber noch nicht wissenschaftlich belegt. Hautmediziner bestätigen nur, dass reichlich Zucker die Fette auf der Haut verändert. Der Haut sieht man als Erstes an, wenn Vitamine und Mineralstoffe fehlen. Die Haut trocknet schneller aus, ist rissiger und leichter verletzlich.

Bei Neurodermitis reagiert die Haut allergisch. Mit Rötungen, Pusteln, Schuppen oder Rissen wehrt sie sich gegen Stoffe in Lebensmitteln, Kleidung oder Luft. Bei der ganzheitlichen Behandlung der Neurodermitis werden psychische Komponenten genauso berücksichtigt wie eine Umstellung der Ernährung. Dabei ist Zucker ein wichtiger Faktor. Als Leitlinien für eine Neurodermitisernährung sollte die Kost vollwertig und möglichst naturbelassen sein. Die Nahrung sollte keine Allergene beinhalten (z. B. Hühnerei- und Kuhmilcheiweiß, Nüsse etc.) und säurearm sein. Fruchtsäuren in Obst und Säften beispielsweise verstärken die Hautstörungen. Ebenfalls sollten Lebensmittel gemieden werden, aus denen im Stoffwechselabbau Säuren entstehen. Da Zucker im Stoffwechsel in Säure umgewandelt wird, sollte im Rahmen einer Neurodermitisdiät auf zuckerhaltige Lebensmittel verzichtet werden.

Vitamine in Hautcremes wirken nicht so gut wie Vitamine, die wir essen und die von innen pflegen. Models sorgen für reinen Teint, glänzendes Haar und feste Fingernägel durch zuckerarme Ernährung.

Vorsicht bei Nickelallergie: Backpulver, Kakao, Lakritze und Schokolade sind reich an Nickel.

Süßigkeiten als Erziehungsmittel?

»Kinder und Süßigkeiten« sind der größte Zankapfel in 16 Prozent der Familien. Diskussionen um das »süße Gift« zerren an den Nerven von (Groß-)Eltern und Kindern. Gibt es die ideale Lösung? Die Werbung verspricht »Ja« und schwärmt von gesunden Süßigkeiten. Durch Hervorheben wichtiger Nährstoffe wird der oftmals hohe Zuckergehalt verdeckt. Außerdem verleiten irreführende Aufschriften wie »Bio« oder »Diät« (siehe Seite 17) zum Kauf von Süßigkeiten. Worauf sollten Sie achten?

Süßigkeiten als Ersatz

Der Umgang mit Süßigkeiten wird in den ersten zehn Lebensjahren stark von den Eltern geprägt: »Wenn du brav bist, kriegst du noch ein Eis!« Süßigkeiten werden in Aussicht gestellt, um Kinder zu einem bestimmten Verhalten zu bewegen. Kinder bekommen Süßigkeiten als Belohnung und müssen darauf verzichten, wenn sie »böse« gewesen sind.

Süßes wird auch häufig zum Ersatz für fehlende Zuwendung missbraucht. Keine Zeit für ihr Kind – viele Eltern glauben, dieses Defizit durch Süßigkeiten ausgleichen zu können oder zu müssen. Hinzu kommt meist noch eine gewisse Bequemlichkeit: Denn es ist viel einfacher, dem Kind Geld oder süße Fertigprodukte als ein mit Liebe gestrichenes und auf die Wünsche des Kindes abgestimmtes Pausenbrot mitzugeben.

Probleme werden häufig durch Süßes kompensiert – wenn Kinder frühzeitig lernen, ihre Schwierigkeiten mit Gummibärchen zu lösen und ihre Wünsche durch Schokolade zu erfüllen. Dann werden sie auch später Süßes brauchen, um ihre Bedürfnisse zu stillen bzw. unerfüllte Wünsche auszugleichen.

Versuchen Sie, die süßen Verführer so uninteressant wie möglich zu machen. Bieten Sie Ihren Kindern alternative Beschäftigungen wie gemeinsames Spielen, Spazieren gehen oder Vorlesen an. Dann treten Naschereien von allein in den Hintergrund.

»Bekomme ich was Süßes?« Diese Frage kann auch die Bitte um Zuwendung enthalten. 30 Minuten ungeteilte Aufmerksamkeit (von Eltern, Großeltern, Onkel oder Tante) sind für Kinder süßer als jede Tafel Schokolade.

Zum Umgang mit Süßigkeiten

Süßigkeiten, als Tröster missbraucht, können unter Umständen zu suchtartigem Süßigkeitenverzehr bis ins Erwachsenenalter führen. Süßwaren werden von Kindern oft nicht als »normale«, wenn auch nährstoffarme Lebensmittel verwendet, sondern gereicht, um pädagogische Ziele zu erreichen. Das natürliche Süßbedürfnis von Kindern kann durch Obst, verdünnte Fruchtsäfte, Obstkuchen, Milchmischgetränke oder Quarkspeisen befriedigt werden. Eine kleine Wochenration an Süßigkeiten, über die die Kinder selbstständig verfügen, hat sich ebenfalls bewährt. Zuckermengen zwischen 20 und 50 Gramm – je nach Alter – sind für den Nachwuchs täglich erlaubt, ohne Mangelerscheinungen oder Übergewicht befürchten zu müssen. Aber Vorsicht: 0,2 bzw. 0,5 Liter Limonade enthalten bereits diese Mengen.

Kleine Kinder lassen sich von Gesundheitsargumenten kaum beeindrucken. Obwohl die Eltern damit drohen, hat noch kein Zahn nach dem bunten Lutscher ein Loch bekommen. Viel wirksamer ist das gute Vorbild der Eltern! Überzeugender: Wenn Kinder bei Speiseplänen und Familieneinkäufen mitbestimmen dürfen. Lassen Sie Kinder in die Küche, nicht nur zur Weihnachtsbäckerei! Mit dem Stolz der eigenen Leistung schmecken gesunde Naschereien doppelt so gut. Limo, Kekse und Bonbons nebenbei ruinieren Appetit und Figur. Kinder von Süßigkeiten fernzuhalten, ist realitätsfremd und völlig unnötig, wenn man einige Regeln beim Süßigkeitenverzehr beachtet und die Zähne putzt.

Empfehlungen für den Umgang mit gesüßten Lebensmitteln bei Säuglingen und Kindern:
- Bei Säuglingen möglichst auf Süßungsmittel verzichten
- Natürliche Süße von Lebensmitteln nutzen
- Nicht auf Süß- und Zuckerersatzstoffe ausweichen
- Hohen Zuckerverzehr in kleinen Schritten vermindern
- Zuckerhaltige Limonaden streichen
- Süßmengen gemeinsam festlegen

Genießen will gelernt sein. Kinder sollten Gelegenheit haben, zu entdecken, wann ihr Süßbedürfnis gestillt ist. Legen Sie gemeinsam mit Ihrem Nachwuchs die Süßmenge pro Tag oder Woche fest. Meist verlieren Süßigkeiten ihren Reiz, wenn sie nicht ständig erkämpft werden müssen.

Gesunde Süßigkeiten in der Werbung – wirklich so gesund?

Vitamine und Mineralstoffe sind gesund. Warum nicht ungesunde Lebensmittel wie Süßwaren »anreichern« und damit werben? »Traubenzucker« als Bezeichnung von Glukose verleitet viele Verbraucher zum Kauf, weil er »so gesund klingt«. Genauso wie Honig, der als Süßungsmittel mit dem höchsten Gesundheitswert gilt. Wer kennt sie nicht, die Werbung für einen milchhaltigen Snack, der mit dem Slogan »Es wird doch niemand etwas gegen eine extra Portion Milch haben« lockt. Die Wirklichkeit: Laut Zutatenliste enthält dieses Milchprodukt knapp 25 Prozent Zucker! Prüfen Sie besonders die Zutatenliste von Lebensmitteln, die in erster Linie für Kinder produziert werden.

Werbung und Wirklichkeit

»Kinderspaß mit allem Guten der Milch«, verspricht die Werbung für eine Kinderschokolade. Natürlich enthält die Schokolade »gute Bestandteile« der Milch. Nachgerechnet entspricht der Eiweiß- und Kalziumanteil in einer Tafel Kinderschokolade etwa einem großen Becher Milch. Nur, dass die Schokolade die dreifache Menge an Fett, Zucker und Kalorien gleich mitliefert.
Kinderjoghurt ist eher als eine Süßigkeit anzusehen, denn bis zu 17 Gramm Zucker pro 125-Gramm-Becher können sich darin verbergen. Darum ist es besser, einen Fruchtjoghurt oder Früchtequark für Kinder selbst zuzubereiten, denn beim Herstellen der Milchspeise können Sie entscheiden, wie süß und fruchtig Sie diese essen möchten. Und das Gute daran ist: Je mehr Früchte Sie verwenden, desto intensiver schmeckts und desto mehr Vitamine, Mineral- und Ballaststoffe sind darin enthalten. Und Sie können dabei auf eine ganze Menge Zucker verzichten. So wird die fruchtige Zwischenmahlzeit oder das Dessert zur gesunden, kalorienärmeren Stärkung. Das selbst Zu-

Vitamine und Mineralstoffe sind zwar gesund, aber nicht »alles was Ihr Körper braucht« – auch wenn es in der Werbung so scheint. Die wahllos zugesetzten »Gesundstoffe« in Pudding oder Schokoriegeln gleichen den hohen Zuckergehalt nicht aus. Meist sind es Wirkstoffe, mit denen wir sowieso gut versorgt sind. Außerdem wirken isolierte Vitamine oft nicht so effektiv wie mit der Nahrung gelieferte Vitamine.

Mit Kindern einkaufen zu gehen, ist ein wahres Abenteuer. Spätestens an der Kasse locken die süßen Verführer. Besprechen Sie mit den Kindern bereits zu Hause, dass eine Süßigkeit gekauft werden darf. Bleiben Sie im Supermarkt dann auch bei der Vereinbarung.

bereiten hat außerdem noch einen weiteren Vorteil: es macht Spaß. Kinder mixen und rühren am liebsten selbst und spätestens dann wird das Gericht häufig zur Lieblingsspeise. Gekaufte Produkte bleiben dann gerne stehen.

Süße Einkaufsrallye

Der Handel weiß seine süßen Kunden gut zu bedienen. Dem Impulskäufer Kind legt man Naschwerk in die unteren Regale, in die so genannte Kindergriffhöhe. Der Kassenbereich ist die zweite »Bonbonfalle«, auch für Erwachsene. Dort verführen Süßigkeiten beim Warten.

In Schweden sind »Quengelwaren« in der Kassenzone nicht erlaubt. Bei uns geht der Gesetzgeber nicht so weit. Er beschränkt sich auf Vorschriften für die Verpackung: Z. B. ist es verboten, für Lebensmittel mit Gesundheitsaspekten zu werben. Begriffe wie »Bio« und »Öko« stehen für festgelegte Umweltkriterien. So stammt Ökozucker aus ökologisch angebauten Zuckerrüben. Er ist aber genauso stark verarbeitet wie normaler Haushaltszucker.

Nie hungrig einkaufen – sonst packt man zu viel Süßkram ein. Überlegen Sie zu Hause, wie viel Süßigkeiten Sie kaufen möchten und lassen sich im Supermarkt nicht von zuckrigen Sonderangeboten verführen. Denn jeder kennt das Problem: Was im Haus ist, wird auch gegessen.

27

Süßungsmöglichkeiten

Süßes vollständig aus dem Speiseplan zu streichen, wäre sicherlich keine langfristige Lösung. Neben dem Haushaltszucker gibt es jedoch noch zahlreiche Süßungsalternativen, die mehr Eigengeschmack, Vitamine, Mineralstoffe und Ballaststoffe liefern.

Wer Haushaltszucker streichen will, findet eine ganze Reihe von süßen Alternativen. Der Markt bietet Industriesüßen, Süßstoffe, Zuckeraustauschstoffe sowie alternative Süßungsmittel an. Die Palette reicht von kalorienfrei bis kalorienreich, von zahnschädlich bis zahnfreundlich, von vitamin- und mineralstoffarm bis reich an verschiedenen Gesundstoffen. Industriesüßen sind im Hinblick auf ihre isolierten Zucker reine Kalorienlieferanten. Zuckeraustauschstoffe sind im Rahmen einer Diabetesdiät eine willkommene Alternative zu Zucker. Süßstoffe bieten kalorienfreien Genuss vor allem für Übergewichtige und Diabetiker, haben aber in der Kost von Kindern nichts zu suchen. Süßschnäbel sollten alternative Süßungsmittel verwenden.

Industriesüßen

Zu den Industriesüßen werden in diesem Buch alle Zuckersorten zusammengefasst, die industriell hergestellt und Raffinationsprozessen unterworfen werden. Im weitesten Sinn unterliegen zwar fast alle Süßungsmittel industriellen Vorgängen, sei es durch Reinigung, Erhitzung oder um den Zucker aus der Frucht zu gewinnen. Allerdings überleben in alternativen Süßungsmitteln mehr Wertstoffe als in Industriesüßen.

Brauner Zucker

Im Gegensatz zur landläufigen Meinung, brauner Zucker wäre gesünder, unterscheidet er sich tatsächlich in seinen Inhaltsstoffen kaum von weißem Haushaltszucker. Ihm hängen lediglich braun färbende Melassereste oder nachträglich zugesetzter Zuckerfarbstoff (Zuckercouleur) an. Der einzige Pluspunkt, der

Die süße Vielfalt ist groß. Beim Probieren verschiedener Süßmöglichkeiten schulen Sie die Geschmacksknospen Ihrer Zunge. Mit exotischen Süßen können Sie sogar auf kulinarische Weltreise gehen.

für braunen Zucker spricht, ist sein malzig-karamellartiger Geschmack. Brauner Zucker ist wegen seiner Melassereste anfälliger für Mikroorganismen als weißer Zucker. Deswegen sollten Sie ihn in luftdichten Dosen aufbewahren und möglichst bald aufbrauchen! Als Rohzucker findet man ihn in Bioläden und Reformhäusern. Brauner Kandiszucker ist Zucker mit groben Kristallen. Karamellprodukte oder Zuckercouleur färben den Kandis gelblichbraun.

Süßintensität	
100 Gramm Süßungsmittel	**Süßkraft im Vergleich (%)**
Haushaltszucker (Saccharose)	100
Fruchtzucker (Fruktose)	120
Honig	80
Apfelsüße	95
Fruchtsüße	100
Sorbit	50
Isomalt	50
Xylit	100
Aspartam	20 000
Acesulfam K	20 000
Zyklamat	4000
Saccharin	30 000–50 000
Lightsüß HT*	20 000
* Produkt aus der »Hobbythek«	

Kristallzucker war früher rosa oder bläulich gefärbt, um Unreinheiten zu vertuschen. Heute ist Zucker rein, weiß und frei von allen Schadstoffen.

100 Gramm brauner Zucker enthalten	
kJ/kcal	1622/388
Haushaltszucker (Saccharose)	96–97 g
Traubenzucker (Glukose)	0–1 g
Fruchtzucker (Fruktose)	0–1 g
Kalium	15–150 mg
Magnesium	13–23 mg
Kalzium	75–95 mg
Phosphor	3–4 mg
Eisen	0,5–1,3 mg

Invertzucker

Durch Kochen mit Weinsäure wird Haushaltszucker (=Saccharose) in Invertzucker umgewandelt. Dabei verliert der Zucker 20 Prozent seiner Süßkraft. Invertzucker ist natürlicherweise in Honig enthalten und besteht aus gleichen Teilen Trauben- und Fruchtzucker. Invertzucker ist vor allem in der Lebensmittelindustrie beliebt, weil er nicht so leicht auskristallisiert wie Zucker.

Invertzucker wird zu Invertzuckercreme umgebaut, früher bekannt unter dem Namen »Kunsthonig«. 20 Prozent seiner Süsskraft verliert Zucker bei der Umwandlung in Invertzucker.

Traubenzucker, Dextrose und Glukosesirup

Traubenzucker (=Glukose) ist ein Monosaccharid und Bestandteil in Früchten, Gemüse, Honig und Haushaltszucker. Wie sein Name sagt, kommt er in Trauben vor. Die Industrie isoliert Traubenzucker aus Mais-, Weizen- oder Kartoffelstärke. Als schnellen Energielieferant nutzen vor allem Sportler den Traubenzucker, auch unter der Bezeichnung »Dextrose« bekannt. Diabetiker sollten immer ein Stück in der Tasche haben, um Unterzucker auszugleichen. Seine Süßkraft ist nur halb so hoch wie die von Haushaltszucker, weshalb er sich nicht zum Süßen von Speisen eignet. Glukosesirup ist die flüssige Form des Traubenzuckers.

Milchzucker

Milchzucker ist Bestandteil der Milch und besitzt nur eine geringe Süßkraft. Milchzucker wird sehr langsam verdaut, so dass er bis in die untersten Darmabschnitte gelangt. Dort lockert er den Stuhl und beugt somit Verdauungsstörungen vor. Milchzucker fördert die Auswertung von Kalzium. Von der Natur sinnvoll komponiert, enthalten milchzuckerreicher Joghurt, Quark, Käse und Milch auch viel Kalzium.

Malzzucker und Maltodextrin

Malzzucker ist in Bier, Malzextrakt, Honig und Brot enthalten. Malzzucker wird mit Hilfe von Enzymen aus Stärke gewonnen und schmeckt nur leicht süßlich. Er verleiht Brot, Bier und Alkohol eine malzig-würzige Note. Mit Malzzucker, auch Maltodextrin genannt, werden Kinderbreie und Backmittel gesüßt. Hochleistungssportler sichern mit Maltodextrinen den Energienachschub während eines Wettkampfs.

Zuckeraustauschstoffe

Zuckeraustauschstoffe schmecken süß und können, wie der Name sagt, Zucker ersetzen. Das ist wichtig für Diabetiker, denn Zuckeraustauschstoffe werden vom Körper langsamer aufgenommen als Haushaltszucker. Der Blutzuckerspiegel schwankt kaum. Weiterer Vorteil für zuckerkranke Patienten liegt darin, dass Zuckeraustauschstoffe ohne die Bildung von Insulin vom Körper verwertet werden.

Bei Verstopfung hilft, täglich ein bis zwei Esslöffel Milchzucker einzunehmen und dazu viel zu trinken. Allerdings sollte man diese Therapie nur ein paar Tage lang durchführen, da sich der Darm sonst an die Verdauungshilfe gewöhnt und – wie bei anderen Abführmitteln auch – noch träger wird.

Nur weil Zuckeraustauschstoffe für Diabetiker geeignet sind, kann man sie nicht als gesunde Lebensmittel einstufen. Sie liefern genauso leere Kilokalorien wie der insulinabhängige Zucker.

Die wichtigsten Zuckeraustauschstoffe sind: Fruchtzucker, Sorbit, Xylit, Mannit, Isomalt, Maltit und Laktit. Ihre Süßkraft ist unterschiedlich groß. In der Süßwarenindustrie verwendet man immer mehr Zuckeraustauschstoffe, da sie die Zähne nicht oder kaum angreifen. Die Süßigkeiten erhalten das Zahnmännchen (siehe Seite 19f.). Ausgenommen ist der Karieserreger Fruchtzucker. Allerdings haben die meisten Zuckeraustauschstoffe einen Nachteil: Bei übermäßigem Verzehr wirken sie abführend, bei Kindern schon mit drei bis fünf Bonbons. Kaugummis mit Laktit werden in größerer Menge (bis 40 Streifen) vertragen. Eine laxierende, das bedeutet abführende Wirkung, konnte für Sorbit bei 50 Gramm, für Xylit bei 50 bis 70 Gramm, für Mannit bei 10 bis 20 Gramm und für Isomalt bei 20 bis 30 Gramm pro Kopf und Tag nachgewiesen werden. Produkte, die mehr als zehn Prozent Zuckeraustauschstoffe enthalten, müssen auf der Verpackung den Hinweis enthalten: »Kann bei übermäßigem Verzehr abführend wirken.«

Zuckeraustauschstoffe ziehen Wasser besonders stark an. Deshalb sollten sie in gut schließenden Gefäßen oder Dosen aufbewahrt werden. Ebenso wie Gebäck mit Zuckeraustauschstoffen – damit es knusprig bleibt.

Zuckeraustauschstoffe schonen Zähne

Zuckeraustauschstoffe sind mit Ausnahme der Fruktose aus zahnmedizinischer Sicht die sinnvollste Alternative zu Zucker, da sie nur geringfügig kariogen sind, also kaum Karies erzeugen. Gegen einen mäßigen Verzehr von Süßigkeiten, die mit Zuckeraustauschstoffen gesüßt wurden, ist aus gesundheitlichen Gründen generell nichts einzuwenden.

Xylit, ein Zuckeraustausch-stoff, schmeckt nicht nur süß, sondern auch kühlerfrischend – vor allem in Kaugummis, Halstabletten und Pastillen.

Fruchtzucker und Isomalt

Fruchtzucker ist süßer als Zucker. Um den gleichen Süßgeschmack zu erreichen, ist eine geringere Dosis nötig. Hinsichtlich Inhaltsstoffen hat Fruchtzucker dieselben Nachteile wie Zucker. Isomalt süßt hingegen nur halb so gut wie Zucker, enthält aber genauso viel Kilokalorien. Um die gleiche Süße zu erreichen, muss man das Doppelte an Energie in Kauf nehmen.

Übersicht Zuckeraustauschstoffe

Zuckeraus-tauschstoff	Vorkommen	Besonderheit	Handelsname
Fruchtzucker	Obst, Gemüse, Rüben-zucker, Fruchtsäften; industriell aus Haushalts-zucker gewonnen	Koch- und backfest, verstärkt Bräunung beim Backen	Holex Fruchtzucker, Rademann Fruchtzucker, Schneekoppe Fruchtzucker, Sionon Fruchtzucker, Spinnrad Fruchtzucker, Lihn Fruchtzucker, Natreen Fruchtzucker-Streusüße (enthält zusätzlich Zyklamat und Saccharin)
Xylit = E 967	Obst, Beeren, Gemüse, Pilze; industriell aus Birkenholz gewonnen	Koch- und backfest, abführende Wirkung	Spinnrad Xylit
Mannit = E 421	Obst, Gemüse, Kräuter, Braunalgen, Schimmel-pilze; industriell aus Glu-kose oder Invertzucker gewonnen	Abführende Wirkung	Nur als Zusatz von industriell gefertigten Produkten im Handel
Isomalt = E 953	Industriell aus Haushalts-zucker gewonnen	Abführende Wirkung	Spinnrad Isomalt
Maltit	Industriell aus Mais- oder Kartoffelstärke hergestellt	Abführende Wirkung	Nur als Zusatz von industriell gefertigten Produkten im Handel
Sorbit = E 420	Obst; industriell aus Mais-stärke gewonnen	Koch- und backfest, abführende Wirkung	Schneekoppe Diabetiker-süße, Sionon Diabetiker-süße, Spinnrad Sorbit

Zuckeraustauschstoffe in Küche und Kochtopf

Ein Vorschulkind erreicht schon mit zwei Gläsern (etwa 0,4 Liter), eine 60 Kilogramm schwere Frau mit 1,7 Litern zyklamatgesüßten Limonaden oder Säften die Süßstoffobergrenze. Die extreme Süßkraft der Süßstoffe erschwert das richtige Dosieren von Süßgeschmack. Die Geschmacksknospen gewöhnen sich an überdosierte Süße – und verlangen immer mehr davon.

Zuckeraustauschstoffe kann man wie Haushaltszucker verwenden. Sie sind koch- und backbeständig. Beachten muss man die unterschiedlichen Süßstärken. Wer mit Fruchtzucker bäckt, sollte berücksichtigen, dass Fruchtzucker schneller bräunt! Deswegen bei niedrigeren Temperaturen etwas länger backen. Der Zuckeraustauschstoff Sorbit bräunt dagegen kaum.

Süßstoffe

Süßstoffe als Alternative zu Zucker wären ein Segen für alle Naschkatzen. Jedoch diskutieren Wissenschaftler noch mögliche Langzeitschäden. Süßstoffe sind kalorienfrei und die Süßesten unter den Süßen. Die rein synthetischen Verbindungen sind etwa 10- bis 3000-mal so süß wie Haushaltszucker. Eine Süße, die fast keine Kilokalorien enthält und keine Gefahr für die Zähne darstellt! Doch die süßen Wunder soll man nicht in unbegrenzter Menge aufnehmen. Die Weltgesundheitsorganisation (WHO) hat gesundheitliche Bedenken und legte obere Sicherheitsgrenzen für den täglichen Süßstoffverbrauch fest. Dieser liegt für Saccharin bei fünf Milligramm pro Kilogramm Körpergewicht und für Zyklamat bei elf Milligramm pro Kilogramm Körpergewicht. Die Höchstgrenzen liegen für Aspartam bei 40 Milligramm und für Acesulfam-K bei 15 Milligramm jeweils pro Kilogramm Körpergewicht.

Süßstoffmengen begrenzen

Leider wird bei der Ermittlung der Höchstgrenzen nur der erwachsene Mensch berücksichtigt. Die Grenzwerte beziehen sich meist auf einen etwa 70 Kilogramm schweren Mann. Kinder mit viel geringerem Gewicht geraten beim Verzehr von Süßstoffen sehr schnell in die Gefahrenzone.

Einer Frau, die 60 Kilogramm wiegt, sind fünf Milligramm Saccharin pro Kilogramm Körpergewicht, also höchstens 300 Milligramm Saccharin pro Tag, erlaubt. Das entspricht 150 Gramm Haushaltszucker. Für ein Vorschulkind mit etwa 15 Kilogramm Körpergewicht liegt die Höchstmenge bei einer Tagesdosis von 75 Milligramm Saccharin. Diese Menge entspricht der Süße von vier gehäuften Esslöffeln Zucker. Kinder überschreiten schnell die Höchstmenge. Außerdem gewöhnen sich die Geschmacksnerven an Übersüßes. Deswegen sollte man den Verzehr von künstlichen Süßstoffen kontrollieren.

In der Babyernährung haben Süßstoffe nichts zu suchen! Schwangere und Stillende sollten ebenfalls auf Süßstoffe verzichten, da sie in den Mutterkuchen und in die Milch gelangen können.

Die Langzeitfolgen von Süßstoffen

Die von der WHO festgelegten Höchstmengen enthalten zwar einen hohen Sicherheitsfaktor und sind für einen lebenslangen, täglichen Verzehr berechnet. Doch trotz aller wissenschaftlicher Studien sollte man nicht vergessen, dass es bisher keine Langzeituntersuchungen gibt. Kaum erforscht ist auch die Wirkung von Süßstoffen in Kombination mit anderen synthetischen Stoffen, z. B. Farb- und Konservierungsstoffen.

Mit Süßstoffen abnehmen?

Obwohl Übergewichtige vom Angebot kalorienfreier Süßmittel profitieren, stellen Süßstoffe keine zufrieden stellende Alternative dar. Denn Speisen mit Süßstoffen steigern möglicherweise den Appetit auf süßstoffhaltige Produkte (betrifft vor allem Zyklamat und Saccharin). Besser, als auf Süßstoffe umzusteigen, ist ein vernünftiger Umgang mit Süßigkeiten.

Mit Süßstoffen gesüßte Produkte kurbeln möglicherweise den Appetit an. Das fanden Wissenschaftler an der britischen Universität Leeds heraus. Testesser nahmen nach dem Verzehr von saccharingesüßten Joghurts im Lauf des Tages mehr Kilokalorien zu sich als Personen, die Joghurt aßen, der mit normalem Haushaltszucker gesüßt wurde. Wissenschaftler erklärten die-

Saccharin ist in Kanada gänzlich und in den USA begrenzt verboten. Zyklamat ist in den USA, Großbritannien, Frankreich und Japan verboten, da es in Verdacht steht, Krebs zu erregen. In Deutschland sind diese Süßstoffe ohne Einschränkung erlaubt.

Süßstoffe auf einen Blick

Süßstoff	Eigenschaften	Handelsname
Acesulfam-K	200-mal süßer als Zucker, koch- und backfest	Sunett
Aspartam	200-mal süßer als Zucker, nicht zum Kochen oder Backen geeignet	Candarel, NutraSweet
Zyklamat	30-mal süßer als Zucker, back- und kochfest; schmeckt in höheren Konzentrationen metallisch	Ilgonetten, Assugrin
Neohesperidin-Dihydrochalcon (N-DHC)	300- bis 1500-mal süßer als Zucker; wird aus Orangenschalen gewonnen und Desserts, Sauerkonserven und alkoholfreiem Bier zugesetzt	
Saccharin	400- bis 500-mal süßer als Zucker; koch- und backfest; schmeckt in höheren Konzentrationen bitter	Sukrinetten, Ilgon S
Thaumatin	2000- bis 3000-mal süßer als Zucker, nicht zum Kochen und Backen geeignet; wird aus der westafrikanischen Pflanze Thauma tococcus daniellii gewonnen. Aus einem Kilogramm der Früchte lassen sich etwa sechs Gramm Thaumatin isolieren. Der Süßstoff besteht aus Eiweiß und wird Kaugummis und Zuckerwaren zugesetzt	
Steviosid	30- bis 300-mal so süß wie Zucker; wird aus den Blättern der in Südamerika beheimateten Pflanze Stevia rebaudiana gewonnen; in Peru und Paraguay seit langem als Süßungsmittel bekannt	Stevia (in Deutschland als Tee zugelassen)
Mischpräparate	Kombinierte Süßstoffe erhöhen die Süßkraft, verhindern Bittergeschmack	Saccharin und Zyklamat in Sionon, mit Aspartam und Fruchtkonzentraten als fructsweet in Lebensmitteln, Zyklamat und Saccharin als Assugrin flüssig, natreen, Süssetten, Süssfix, süsin, Süssli, Huxolin, Ilgonetten

ses Ergebnis mit dem geringen Sättigungswert von Süßstoffen. Außerdem werde durch den Süßgeschmack das Hormon Insulin ausgeschüttet, das zur Verwertung von Zucker, nicht aber von Süßstoffen benötigt wird. Diese Leerlaufreaktion wird vermutet. Durch sie kann ein Hungergefühl ausgelöst werden.

Aspartam enthält synthetisch hergestellte Aminosäuren: Phenylalanin und Asparaginsäure. Für Menschen, die Phenylalanin nicht vertragen (bei Phenylketonurie, PKU), ist dieser Süßstoff ungeeignet. Die Phenylketonurie ist eine angeborene Stoffwechselkrankheit, bei der Phenylalanin nicht abgebaut werden kann. Bei Nichtbehandlung kommt es u. a. zu einer eingeschränkten psychomotorischen Entwicklung.

Süßstoffe werden Lightprodukten und -getränken zugesetzt oder als Tabletten, Streu- oder Flüssigsüße angeboten. Unter folgenden E-Nummern werden sie auf Lebensmitteln deklariert:

Saccharin	E 954	Acesulfam K	E 950
Zyklamat	E 952	Thaumatin	E 957
Aspartam	E 951	Neohesperidin	E 959

Auch bei Süßstoffen gilt der Grundsatz: Lieber weniger als mehr. Sechs Tabletten Zyklamat oder neun Tabletten Saccharin pro Tag gelten als unbedenklich.

Stevia – süßes Geheimnis der Natur

Stevia (Stevia rebaudiana) ist eine Pflanze aus den Bergen Brasiliens und Paraguays, deren Blätter zum Süßen von Kräutertee und Lebensmitteln verwendet werden. Steviablätter werden getrocknet und können dann im Ganzen oder gemahlen als Pulver aufgebrüht werden. Durch seine hohe Süßkraft zählt es ebenfalls zu den Süßstoffen und wird natürlich gewonnen. Stevia schmeckt, anderen Lebensmitteln zugesetzt, angenehm süß. In höheren Konzentrationen erinnert sein Geschmack an Süßholz. Als Süßungsmittel lässt es sich erhitzen und für kalte und heiße Speisen verwenden. Allerdings ist es in Deutschland derzeit nur als Kräutertee erhältlich (Bezugsadresse siehe Anhang). Internationalen wissenschaftlichen Untersuchungen zufolge ist Stevia ein Süßungsmittel ohne Kilokalorien und Nebenwirkungen.

Brühen Sie Stevia als Tee auf, und süßen Sie damit löffelweise andere Lebensmittel, z. B. Früchtetees, Obstsalat, Cremespeisen. Bereits ein oder zwei Steviablätter pro Kanne reichen aus, um eine angenehme Süße zu erhalten.

Alternative Süßungsmittel

Alternative Süßungsmittel enthalten im Gegensatz zu raffiniertem Zucker wichtige Inhaltsstoffe und werden zum Teil natürlich gewonnen. Der Naturkosthandel bietet die weniger stark verarbeiteten Süßungsmittel an, die neben der ursprünglichen Süße den rohstofftypischen Geschmack sowie Wertstoffe mitliefern. Durch den meist intensiven Eigengeschmack bewahren diese Süßungsmittel vor allzu reichlichem Verzehr. Übermäßig in Süßspeisen gegeben, schmecken Desserts, süße Aufläufe oder Gebäck eher unangenehm. Alternative Süßungsmittel enthalten neben Fruchtzucker, Invertzucker und anderen Zuckern auch Saccharose, also ganz normalen Haushaltszucker. Der ist zwar nicht zugesetzt, trotzdem gilt auch für alternative Süßen: lieber etwas weniger. Sie können aufgrund ihrer meist höheren Süßkraft bzw. ihres stärkeren Eigengeschmacks sparsamer verwendet werden. Zur knappen Verwendung erzieht auch der höhere Preis des süßen Außenseiters.

Alternative Süßmittel bieten nicht nur Süße, sondern aromatische Würze. Viele der süßen Außenseiter verwöhnen mit Enzymen, Fermenten und Mineralien. Kenner nutzen die Heilwirkung naturbelassener Süßen.

Beliebte Süßen – Dicksaft und Kraut

Neben Honig, Malzextrakten oder Trockenfrüchten werden Dicksaft, Sirup und Kraut häufig als Alternativen für den weißen Kristallzucker verwendet.

Dicksäfte werden, wie der Name sagt, aus Fruchtsäften eingedickt. Dazu wird der Saft ausgepresst und schonend gedampft. Einem ähnlichen Herstellungsverfahren unterliegt Obstkraut. Dicksaft und Kraut sind reich an Fruchtzuckern, Mineralstoffen und anderen Begleitstoffen. Wird Zucker zugesetzt, so muss er als Fruchtsüße deklariert werden. Dicksäfte und Kraut süßen und aromatisieren Gerichte und Süßigkeiten. Sie haben einen intensiven Eigengeschmack, so dass man automatisch behutsamer dosiert. Da sie aufgrund ihrer dickflüssigen Konsistenz kariesfördernd sind, sollten sie nur verdünnt oder gemischt mit anderen Zutaten gegessen werden.

Agavendicksaft

Bereits vor 8000 Jahren wurde die Agavenpflanze von den Ureinwohnern Mexikos entdeckt und als Nahrungsmittel sowie für medizinische Zwecke verwendet. Aus der Pflanze gewinnt man einen süßen Saft, der eingedickt wird.

Die Agave ist eine Kulturpflanze aus der Familie der Agavengewächse und bevorzugt trockene Standorte wie in tropisch-subtropischen Ländern. Um den Saft zu gewinnen, wird die Knospe des Blütenstands herausgeschnitten. Die sich sammelnde Flüssigkeit wird abgeschöpft. Eine Pflanze liefert bis zu 50 volle Krüge. Mit einem Fruchtzuckergehalt von mehr als 90 Prozent ist Agavendicksaft ein ideales Süßungsmittel. Da Fruchtzucker eine höhere Süßkraft als Haushaltszucker besitzt, benötigt man weniger Agavendicksaft, um die gleiche Süße zu erzielen. Das spart Kalorien. Durch seinen mild-süßen Geschmack eignet er sich als universelles Süßungsmittel für Desserts und Backwaren. Durch seine gute Löslichkeit wird er gerne zum Süßen von Getränken, wie z. B. in Tee, verwendet.

Agavendicksaft hat einen so hohen Fruchtzuckergehalt, dass er für Diabetiker geeignet ist. Er ist damit eine interessante Alternative zu klassischen Diabetikersüßen.

100 Gramm Agavendicksaft enthalten	
kJ/kcal	**1288/308**
Fruchtzucker (Fruktose)	70 g
Traubenzucker (Glukose)	7 g
Kalzium	3,3 mg
Kalium	2,9 mg
Magnesium	1,4 mg
Phosphor	7,5 mg
Broteinheiten (BE)	6,4

100 Gramm Ahornsirup enthalten	
kJ/kcal	**1132/266**
Haushaltszucker (Saccharose)	59–65,5 g
Fruchtzucker (Fruktose), Traubenzucker (Glukose)	1,4–1,8 g
Kalium	150–200 mg
Kalzium	40–100 mg
Magnesium	10–30 mg
Eisen	0,1–1,5 mg

Tipp: Sobald das Glas geöffnet ist, verdirbt Ahornsirup schnell. Geöffnete Flaschen oder Gläser im Kühlschrank aufbewahren und bald verbrauchen. Oder den Ahornsirup portionsweise einfrieren.

Ahornsirup

Jedes Jahr im Frühling, zwischen Mitte Februar und Ende März, beginnt die Ernte des Ahornsirups. Ahornbäume werden angebohrt. Ein Ahornbaum liefert, je nach klimatischen Bedingungen, zwischen 60 und 160 Liter Saft. Der austretende Baumsaft wird eingedickt und in Flaschen abgefüllt. Aus USA oder Kanada wird die zähflüssige Süße eingeflogen.

Je nach Zeitpunkt der Ernte und nach Verarbeitung ergeben sich unterschiedliche Geschmacksqualitäten, die durch so genannte Grade angegeben werden: AA, A, B, C und D. Der hellere, klare und mild schmeckende Sirup Grad A wird zu Beginn der Ernteperiode gewonnen. Gegen Ende der Erntezeit ist der Saft dunkler und schmeckt kräftiger. Ahornsirup mit dem Grad D ist äußerlich an seiner fast schwarzen Farbe erkennbar und wird vorwiegend für die Weiterverarbeitung in der Lebensmittelindustrie verwendet. Wer es genauer wissen will: Grad C enthält etwas mehr Mineralien als Grad A.

Beim Backen mit Ahornsirup muss der relativ hohe Wassergehalt von 36 Prozent bedacht werden. Entsprechend weniger Flüssigkeit in den Teig geben.

Apfelsüße

Dickflüssige Apfelsüße wird aus reinem Apfelsaft hergestellt. Diesem Saft wird in mehreren Verarbeitungsschritten nach und nach Wasser entzogen, bis er eine dickflüssige Konsistenz erhält. Apfelsüße liefert pro 100 Gramm rund 150 Kilokalorien weniger als weißer Haushaltszucker. Sie enthält pro 100 Gramm Apfelsüße etwa 40 Gramm Fruchtzucker (Fruktose) und 25 Gramm Traubenzucker (Glukose). Die fruchtige Süße süßt ähnlich wie Kristallzucker. Durch ihren neutralen Geschmack ist Apfelsüße ein idealer Ersatz für Zucker und in der Küche vielseitig verwendbar.

Apfel- und Birnenkraut

Apfelkraut ist eine rheinische Spezialität, die aus dem eingedickten Saft von Äpfeln gewonnen wird. Sie dient als Brotaufstrich und eignet sich als Süßmittel. Bei Apfelkraut dürfen bis zu 40 Prozent Zucker, bei Birnen bis zu 30 Prozent Zucker zugesetzt werden. Falls Zucker verwendet wurde, muss er als Gesamtzuckergehalt angegeben werden. Obstkraut ohne Zuckerzusatz gibt es meist in gut sortierten Supermärkten, sicher aber in Bioläden und Reformhäusern. Hervorzuheben sind die relativ hohen Mineralstoffgehalte. Aus Geschmacks- und Konsistenzgründen findet man im Naturkosthandel vorwiegend Krautmischungen, z. B. Rüben-Apfel-Kraut oder Birnen-Dattel-Kraut. 1000 Gramm industriell hergestelltes Apfelkraut wird aus mindestens 2100 Gramm Äpfeln und höchstens 600 Gramm Birnen zubereitet. Es können bis zu 400 Gramm verschiedene Zuckerarten zugesetzt werden. Birnenkraut wird z. B. aus 3500 Gramm Birnen, höchstens 700 Gramm Äpfeln sowie 300 Gramm Zuckerarten hergestellt.

Dattelmark ist ebenfalls ein Obstkraut. Anders als der Name es vermuten lässt, wird Dattelmark aus dem Saft der Datteln gewonnen.

Mit einem kleinen Schuss Apfelkraut oder Apfeldicksaft erhalten Salatdressings eine frisch-würzige Note.

100 Gramm Obstkraut enthalten		
	Apfelkraut	**Birnenkraut**
kJ/kcal	**890/213**	**903/216**
Kohlenhydrate	46 g	49 g
Traubenzucker	6 g	9 g
Fruchtzucker	25 g	26 g
Haushaltszucker	11 g	7 g
Kalzium	33 mg	38 mg
Kalium	605 mg	547 mg
Magnesium	28 mg	29 mg
Eisen	2 mg	1 mg

Honig

Honigfreunde schwärmen von der Heilkraft des Bienensammelguts. Beste und sichere Qualität liefert Honig des Deutschen Imkerbunds – zu erkennen am Einheitsglas mit grünem Gewährsverschluss.

Das Sammelgut der Bienen nutzen Imker schon seit 15 000 Jahren. In vielen indischen Heilrezepten war Honig der Hauptbestandteil. Warme Milch mit Honig – zum Entspannen, Einschlafen und gegen Grippe. Auch heute wird Honig als Heilmittel eingesetzt, weil er natürlich gewonnen wird und reich an Enzymen, Aromen, Säuren und Fermenten ist. Sein Wasseranteil liegt zwischen 16 und 21 Prozent. Einen höheren Wasseranteil dürfen nur Heide- oder Kleehonig aufweisen.

Honig zählt zu den wenigen echten Naturprodukten. Es ist gesetzlich verboten, ihm Inhaltsstoffe zu entziehen oder Stoffe zuzusetzen, die Konsistenz, Farbe, Haltbarkeit oder Aroma verändern könnten. Trotz aller positiver Inhaltsstoffe – für die Zähne ist Honig schädlicher als Zucker. Durch seine Klebrigkeit haftet er länger an den Zähnen und wirkt somit verstärkt auf sie ein.

Honig wird eingeteilt nach dem Sammelgut der Bienen, nach Art der Gewinnung (z. B. Schleuderhonig) und nach der Qualität. Dass manche Honigsorten bereits bei Zimmertemperaturen auskristallisieren, ist kein Qualitätsverlust. Wer Honig lieber flüssig mag, stelle das Glas so lange in ein warmes Wasserbad, bis die süße Masse langsam wieder fließfähig ist. Beim Erwärmen über 40 °C leidet jedoch das Aroma.

Bekannte Honigsorten sind:

● Akazienhonig:
Dickflüssig, mild im Geschmack
● Blütenhonig:
Gemisch aus Sammelgut verschiedener Blüten; je nach Blütenangebot und Witterung kann man die Honige unterscheiden
● Heidehonig:
Rötlichgelb, geleeartig, stark aromatisch
● Tannenhonig:
Dunkel-grünlich, harzartiger Geschmack
● Kunsthonig:
Alte Bezeichnung für Invertzuckercreme, die industriell aus Weißzucker hergestellt wird

Zum Backen und Kochen reicht einfacher Speisehonig. Kalte Süßspeisen werden köstlich mit Blütenhonig. Für 20 Milligramm Honig muss die Biene zu mindestens 100 Blüten fliegen.

100 Gramm Honig enthalten	
kJ/kcal	1338/320
Kohlenhydrate	80 g
Invertzucker	70 g
Haushaltszucker	3 g
Kalium	47 mg
Magnesium	6 mg
Kalzium	5 mg

Malzextrakt

Malzextrakt ist ein beliebtes Süßmittel der alternativen Küche und stammt aus Japan. Malzextrakt wird überwiegend aus Gerste gewonnen, aber auch aus anderen Getreidearten wie Mais, Reis oder Weizen. Der hohe Gehalt an Maltose (Malzzucker) bedingt eine leicht abführende Wirkung.

Gerstenmalz

Gersten- und Vollreismalz haben einen malzigen Geschmack und harmonieren nicht mit allen Süßspeisen. Außerdem süßt Malz nicht so stark wie Honig oder Zucker.

Gerste wird eingeweicht, keimt und wird dann getrocknet. Es entsteht Gerstenmalz mit 39 Prozent Malzzucker und fünf Prozent Traubenzucker. Gerstenmalz schmeckt leicht süß und malzig-herb. Zum Süßen ist Gerstenmalz weniger geeignet. Ein Teelöffel Gerstenmalz pro Kilogramm Mehl sorgt für besonders locker-knusprige Brote und Brötchen. In der alternativen Küche wird der dicke Sirup aus Gerstenkörnern wie Obstkraut verwendet. Gerstenmalzextrakt wird in schonenden Verfahren aus Gerstenmalz gewonnen.

Vollreismalz

Für Vollreismalz wird Naturreis zu einem weichen Brei gekocht und mit Gerstenmalz gemischt. Dadurch wandelt sich die Reisstärke in süßen Malzzucker um. Vollreismalz enthält ca. 45 Prozent Malzzucker, drei bis vier Prozent Glukose und 20 Prozent Wasser. In Vollreismalz stecken B-Vitamine und Mineralstoffe, die aus dem verarbeiteten Reis stammen. Vollreismalz hat einen leicht nussigen und karamellartigen Geschmack.

Für Zöliakiepatienten, die eine Unverträglichkeit gegenüber Gluten haben, ist es wichtig zu wissen, dass Vollreismalz glutenhaltige Gerste zugesetzt wird. Mit Amazake, dem reinen Vollreismalz, kann jedoch glutenfrei gebacken werden.

Obstdicksaft, Apfel- und Birnendicksaft

Obstdicksäfte werden aus Fruchtrohsäften durch schonenden Entzug des Fruchtwassers erzeugt. Sie sind also eine Art Fruchtsaftkonzentrat. Rückverdünnt mit Wasser ergeben sie erfrischende Getränke. Industriell sind diese Fruchtsaftextrakte je nach weiterer Verdünnung auch die Basis zur Erzeugung

100 Gramm Dicksaft enthalten		
	Apfeldicksaft	**Birnendicksaft**
kJ/kcal	1442/345	1154/276
Kohlenhydrate	83 g	69 g
Kalzium	54 mg	60 mg
Kalium	900 mg	800 mg
Magnesium	33 mg	41 mg

von Fruchtsäften aus Konzentrat, Fruchtnektaren und Erfrischungsgetränken. Durch den Herstellungsprozess gehen hitzeempfindliche Vitamine weitgehend verloren, Mineralstoffe, wie z. B. Kalzium, Kalium oder Magnesium, bleiben jedoch erhalten. Dicksäfte sind zähfließend, etwa wie flüssiger Honig. Sparsam dosiert sind Dicksäfte aus Obst eine gute Alternative zu Zucker. Zur Kennzeichnung ist Folgendes zu sagen: Bei Dicksäften ist der Zusatz von Zuckern erlaubt. Deshalb bevorzugen sie ungezuckerte Ware, z. B. aus dem Naturkosthandel. Ebenso bei Birnendicksaft. Sie enthalten etwa 85 Prozent fruchteigenen Zucker. Obstdicksaft gibt es in verschiedenen Fruchtkompositionen, z. B. aus Äpfeln, Trauben, Orangen und Datteln.

Trockenfrüchte

Das Trocknen von Lebensmitteln ist 10 000 Jahre alt. Es war eines der ersten Konservierungsverfahren von Lebensmitteln. Datteln, Feigen, Aprikosen und Johannisbrot (Carob) waren (und sind) energiereicher Proviant. Trockenfrüchte enthalten nur noch etwa 15 bis 25 Prozent Wasser, wertvolle Vitamine und Mineralstoffe sowie verdauungsfördernde Ballaststoffe. Von getrockneten Apfelringen bis hin zu Rosinen – sie versüßen Ku-

Trockenfrüchte fördern die Verdauung. Stark abführend wirken Dörrpflaumen, weil in ihnen relativ viel Sorbit steckt: Zwei Dörrpflaumen können bei Kindern Durchfall auslösen!

100 Gramm Trockenobst enthalten	
kJ/kcal	1229/294
Kohlenhydrate	62 g
Haushaltszucker (Saccharose)	16 g
Fruchtzucker (Fruktose)	23 g
Traubenzucker (Glukose)	20 g
Kalium	1005 mg
Kalzium	66 mg
Magnesium	51 mg
Eisen	2 mg

Früchtemüsli aus Tüte oder Karton sollte nur mit getrocknetem Obst wie Rosinen, Bananen, Äpfeln oder Aprikosen gesüßt sein. Diese Trockenfrüchte bescheren uns etwa zehn Gramm Zucker pro Portion Müsli (50 Gramm). In Würfelzucker umgerechnet entspricht das einer Menge von drei Stück!

chen, Brot, Gebäck oder werden als kleine Knabberei genascht. Bitter ist nur der recht hohe Zuckeranteil, der Werte bis zu 64 Prozent annimmt. Heute erweitern getrocknete Bananenchips, Apfelringe, Sultaninen, Rosinen, Korinthen und Mangos das Angebot und bieten für jeden Geschmack etwas.

Pech mit Schwefel – bei Trockenfrüchten

Getrocknete Früchte, die geschwefelt sind, verfärben und verderben nicht. Empfindliche Menschen reagieren allerdings auf Schwefeldioxid (E 220) mit Kopfschmerzen, Übelkeit und Durchfall. Außerdem zerstört Schwefeldioxid im Körper das Vitamin B1.

Steht »ungeschwefelt« auf der Verpackung, so dürfen bis zu zehn Milligramm Schwefeldioxid pro Kilogramm Trockenware zugegeben werden. Auch »ungeschwefeltes« Trockenobst sollten Sie daher abwaschen.

Trockenfrüchte aus konventionellem Anbau dürfen mit einem Gehalt von bis zu zehn Milligramm Schwefeldioxid pro Kilogramm immer noch als »ungeschwefelt« deklariert werden. Hersteller des Bundesverbandes Naturkost Naturwaren (BNN) verwenden kein Schwefeldioxid.

Trockenfrüchte in der Backstube

Weder in Christstollen noch im Früchtebrot dürfen Trocken-früchte fehlen. Sie verfeinern nicht nur Hefeteige, sondern eig-nen sich auch für Mürbe- und Quark-Öl-Teige. Rührkuchen ge-lingen besser, wenn man Rosinen vor dem Unterheben leicht in Mehl wendet. Dann bleiben die Rosinen gleichmäßig verteilt und sinken nicht während des Backens nach unten. Sind Rosi-nen und Korinthen sehr schrumpelig, dann lassen Sie sie in et-was Milch aufquellen, sonst wird der Kuchen zu trocken. Als Empfehlung für alle Teigarten kann man sagen: Wenn Sie Zucker im Kuchen reduzieren möchten, ersetzen Sie höchstens die Hälfte des Zuckers durch getrocknete Früchte.

Neben der Verwendung klassischer Trockenfrüchte wie Rosi-nen, Datteln und Feigen kann man auch mit ungewöhnlicherem Dörrobst experimentieren. Auf Wochenmärkten oder im Natur-kostladen werden auch getrocknete Sauerkirschen, Heidelbee-ren, Mangos und Ananas angeboten. Für Rosinenhasser in der Familie wären getrocknete Sauerkirschen im Kuchen vielleicht eine erfreuliche Alternative.

Kandierte Früchte sind mit dicker Zuckerlösung ge-tränktes und anschließend getrocknetes Obst, z.B. Kir-schen, Ananas oder Orangen-schnitten. Belegfrüchte sind mit Dickzucker behandeltes Obst und zum Verzieren gedacht.

Trockenfrüchte enthalten Fruchtzucker in konzen-trierter Form und sind da-mit ideal zum Süßen. Neben der Verwendung für Kuchen sind sie sehr beliebt als natürliche Süße in Müslis.

100 Gramm Voll(rohr)zucker enthalten		
	Vollrohrzucker	**Vollzucker**
kJ/kcal	**1338/320**	*
Haushaltszucker	79–91 g	*
Traubenzucker	2–8 g	*
Fruchtzucker	3–9 g	*
Kalium	600–1000 mg	710 mg
Magnesium	60–130 mg	105 mg
Kalzium	40–160 mg	53 mg
Phosphor	20–120 mg	*
Eisen	2–10 mg	*
Mangan	1,5–2 mg	*
* keine Angaben gefunden		

Vollzucker eignet sich durch seinen karamellartigen Geschmack besonders gut zum Backen.

Vollzucker und Vollrohrzucker

Vollzucker wird aus Zuckerrüben durch Pressung und anschließende schonende Trocknung gewonnen. Die an den Pflanzenfasern haftenden Bitterstoffe werden durch sanftes Schleudern (Zentrifugieren) entfernt. Die Masse wird über Sprühtürmen ausgeblasen, wobei die Flüssigkeit verdampft und feine Zuckerkristalle entstehen. Mineralstoffe und Spurenelemente bleiben erhalten.

Vollrohrzucker ist getrockneter Saft des Zuckerrohrs. Es wird in den Tropen und Subtropen angebaut. Der Saft wird filtriert, geklärt und eingedickt. Nach der Trocknung wird er gemahlen und durch ein Sieb passiert, bis er die gewünschte Körnung erhält.

Vollzuckersorten – ein Hauch von Karamell

Im Gegensatz zu Zuckerrohr- und Rübenzucker entfallen bei beiden Vollzuckersorten die Raffinationsschritte. Dadurch bleiben die natürlichen Mineralstoffe und geringe Spuren von Vitaminen erhalten. Aufgrund ihrer guten Löslichkeit und ihres leicht karamellartigen Geschmacks eignen sie sich zum Süßen von Desserts, Gerichten und Getränken.

Zuckerrohrmelasse

Zuckerrohrmelasse ist der nicht kristallisierbare, braune Rückstand, der bei der Zuckerherstellung anfällt und eher als Nebenprodukt gilt. Melasse hat ein starkes, lakritzähnliches Aroma. Das schmeckt nicht jedem Gaumen, passt aber gut zu Gewürzkuchen. Da Zuckerrohrmelasse nur halb so süß wie Zucker ist, sollte man nur ein Drittel der Zuckermenge durch Melasse ersetzen. Liebhaber preisen ihren hohen Mineralstoffgehalt.

Vollrohrzucker und Vollzucker trocken und gut verschlossen aufbewahren, da sie leicht verklumpen. Auch Vollzucker sind nicht voller Gesundstoffe – deshalb sparsam verwenden.

100 Gramm Zuckerrohrmelasse enthalten	
kJ/kcal	1240/290
Haushaltszucker (Saccharose)	30–40 g
Traubenzucker (Glukose), Fruchtzucker (Fruktose)	17–24 g
Kalium	1900–3300 mg
Magnesium	200–400 mg
Kalzium	800–1400 mg
Phosphor	30–50 mg
Eisen	18–28 mg

100 Gramm Zuckerrübensirup enthalten	
kJ/kcal	1122/264
Kohlenhydrate	64,5 g
Haushaltszucker (Saccharose)	31,9 g
Fruchtzucker (Fruktose)	16,1 g
Traubenzucker (Glukose)	16,5 g
Kalium	800 mg
Kalzium	18 mg
Magnesium	90 mg
Eisen	13 mg
Vitamin B6	1,8 mg

Zuckerrübensirup

Zuckerrübensirup passt gut in Teige für Brot und für Hefekuchen mit Äpfeln. Heller Sirup schmeckt milder und süßer als dunkler Sirup.

Rübensirup ist der naturreine, eingedickte Saft der Zuckerrübe. Die Rüben werden gewaschen, zerkleinert, gekocht und ausgepresst. Während des Kochprozesses erhält der Zuckerrübensirup seine typische Färbung – im Gegensatz zur Melasse, die bei der Zuckerherstellung als Nebenprodukt anfällt. Der beim Pressen der Rübenschnitzel abfließende Saft wird schließlich gereinigt und eingedampft. Zuckerrübensirup ist u. a. auch als Rübensaft oder Zuckerrübenkraut bekannt. Als traditioneller und beliebter Brotaufstrich verwendet man ihn vor allem im Rheinland. In den letzten Jahren wurde er jedoch zunehmend als alternatives Süßungsmittel entdeckt und vermehrt gekauft. Im Gegensatz zu anderen natürlichen Süßungsmitteln enthält Zuckerrübensirup hohe Kalium- und Eisenmengen. Eisen ist wichtig für den Transport von Sauerstoff im Blut und zur Unterstützung der Immunabwehr. Eisenmangel ist in unserer Bevölkerung, insbesondere bei Frauen, durchaus keine seltene Erscheinung. Fehlt dem Körper Nahrungseisen, baut er seine Eisenspeicher ab. Symptome bei Eisenmangel sind: Abgeschlagenheit, Infektanfälligkeit, Haarausfall und Blutarmut. Weitere Eisenlieferanten sind Fleisch, Innereien, Fisch und Produkte aus Vollkorngetreide. Kalium ist an der Regulation des Wasserhaushalts beteiligt und spielt dabei eine wichtige Rolle zur Aufrechterhaltung der Herz- und Muskelfunktionen. Besonders reich an Kalium sind außerdem Bananen, Spargel und Tomaten. Zuckerrübensirup eignet sich als Zuckerersatz für Gebäck und Kuchen, als Brotaufstrich oder zum Süßen von Desserts, Süßspeisen oder Eis. Aufgrund seiner zähfließenden Konsistenz verbindet er sich gut mit anderen feuchten Zutaten, wie z. B. Quark oder im Obstsalat. Da er neben den Zuckern auch Pektine enthält, die gelierende Eigenschaften besitzen, eignet sich Zuckerrübensirup auch zum Eindicken von Saucen (z. B. Wild- oder Fruchtsauce). Seine Verwendung in der Küche macht andere Geliermittel häufig überflüssig.

Probieren Sie die mit Zuckerrübensirup gesüßten Walnuss-Kakao-Kugeln (siehe Seite 68), das eisgekühlte Kokoskonfekt (siehe Seite 70) oder den saftigen Ananaskuchen (siehe Seite 94).

Zuckerrübensirup und Trockenfrüchte sind ideal zum Backen und damit beste Alternativen zu Zucker. Wandeln Sie Ihre Rezepte ab, und tauschen Sie einen Teil der Zuckermenge gegen diese Süßungsmittel.

Genüsslich und gesund durch das süße Leben

Wer Lust auf Süßes hat, kann den Hunger auch mit frischen Früchten stillen. Bevorzugen Sie heimische Obstsorten mit viel Aroma und voll ausgereiftem Süßgeschmack.

»Jetzt was Süßes«. Niemand braucht diesen süßen Gedanken zu verscheuchen. Denn es kommt darauf an, wie viel und wie oft zuckrige Leckerbissen und Tropfen gegessen und getrunken werden. »Allein die Dosis macht das Gift«, warnte Paracelsus. Bewusst geschleckt, ist Süßes durchaus keine Sünde, sondern kann Gutes noch besser machen.

Abgesehen davon geht es fast gar nicht ohne Zucker. Zum einen stecken die verschiedenen Vertreter der Zuckerfamilie in vielen gesunden Lebensmitteln wie Obst, Fruchtsäften, aber auch in Milchprodukten, Brot und Kartoffeln. Zum anderen sind die süßen Kristalle willkommene Würze. Behutsam gezuckert, das hebt den Eigengeschmack von Speisen, ohne die Aromenvielfalt der Lebensmittel zu überdecken.

Zucker – Puzzlestein unserer Gesundheit

Gelegentlich etwas Süßes, das liebevoll zubereitet und genussvoll verzehrt wird, richtet keinen Schaden an. Im Übermaß gegessen, sind auf Dauer nicht nur Zucker, sondern alle Lebensmittel und Nährstoffe schädlich. Die ausgewogene Mischung in unserer Ernährung macht das gesunde Gleichgewicht aus. Jedoch perfekte vollwertige Kost allein garantiert nicht unser Wohlbefinden. Dazu gehören viele kleine Puzzlesteine wie Bewegung an der frischen Luft, Sport, Entspannung, Erholung. Wer bewusst in sich hineinhorcht, kann Wünschen und Impulsen seines Körpers trauen und durchschaut seine Süßlust. Die Empfindungen Hunger und Appetit muss man behutsam pflegen, besonders bei Kindern. Zwingen Sie sie nicht, den Teller leer zu essen, wenn sie bereits satt sind.

Genuss ist ein wichtiges, wenn nicht sogar das wichtigste Kriterium bei der Auswahl von Lebensmitteln und Speisen. Gesunde Kost, ohne Genuss gegessen, schadet dem Wohlergehen genauso wie hemmungsloses Schlemmen.

52

Zucker sparen, aber wie?

Der Weg zu einer geringeren Süßdosis bedeutet etwas Umgewöhnung. Aber mit einigen Tricks fallen kleinere Rationen an Süßem gar nicht so schwer:

● Essen Sie Süßes nicht gedankenlos nebenher, beim Autofahren, Lesen oder Fernsehen, sondern genießen Sie süße Leckereien ganz bewusst.

● Versuchen Sie sich und Ihre Familie langsam an weniger Süße zu gewöhnen.

● Ernähren Sie sich vollwertig. Eine vielseitige Kost, die alle Nährstoffe in ausgewogenem Maß liefert, verhindert Heißhunger auf Süßes.

● Ersetzen Sie Zucker oder andere natürliche Süßungsmittel nicht durch Süßstoffe. Diese verleiten dazu, größere Mengen an Süßigkeiten zu verzehren. Bedenken Sie, dass Kinder empfindlicher auf Süßstoffe reagieren.

● Achten Sie besonders auf versteckte Zucker in Lebensmitteln. Vor allem bei Fertigprodukten die Zutatenliste studieren. In Reformhäusern und Bioläden gibt es inzwischen eine Vielzahl an zuckerfreien Alternativen.

● Bei vielen Rezepten lassen sich die Zuckermengen ohne Probleme reduzieren. Wer Pfannkuchen mit gedünstetem Obst oder Marmelade füllt, kann sogar gänzlich auf Zucker verzichten. Für das Einkochen von Marmelade bevorzugen Sie die Sorte Gelierzucker, die für die doppelte Fruchtmenge reicht.

● Beim Backen genügt oft die Hälfte der im Rezept angegebenen Zuckermenge. Je nach Teigart 30 bis 40 Gramm Zucker pro Ei verwenden.

● Früchte sind von Natur aus so süß, dass sie keine Zuckerunterstützung brauchen. Bevorzugen Sie heimisches Obst. Denn Obst aus fernen Ländern wird oft unreif gepflückt und hat einen unterentwickelten Zuckergehalt.

● Je mehr Süßes im Haus ist, je mehr wird davon gegessen. Keine großen Süßvorräte anhäufen.

Die Lösung des Zuckerproblems: Zunge und Geschmack allmählich an weniger Zucker gewöhnen. Das braucht Zeit und Geduld.

Beim Streifzug durch Supermarkt und Feinkostläden findet man neuerdings auch Honig und Schokolade mit Transfairsiegel. Das Logo steht für fairen Handel. Imker und Bauern in armen Ländern erhalten für ihre Rohwaren bessere Preise als bei konventionellen Abnehmern.

Süßigkeiten und Gebäck selbst herzustellen, macht nicht nur Spaß, sondern man kann dabei den Süßgehalt und die Süßungsart des Gebäcks selbst bestimmen.

Süße Sachen selbst machen

Leckereien zu kreieren, die Genuss ohne Reue bieten, geht leicht. Aus süßen Lieblingsrezepten können fettarme, leichte Nascherein werden. Reformhäuser, Naturkostläden und Drogeriemärkte haben ein breites Sortiment an natürlichen Süßen. Bei der Auswahl der süßen Zutaten im Rezeptteil wurde auf deren Natürlichkeit und schonende Herstellung besonders viel Wert gelegt. Bleibt noch zu erwähnen, dass die meisten Rezepte aufgrund der ausgefallenen Zutaten etwas teurer sind. Natürlich können exotischere Komponenten durch konventionelle Ware ersetzt werden. Oder spielen Sie mit den verschiedenen Süßalternativen und entdecken Ihre eigenen Spezialitäten süßer Küche. Man kann auch – per Süßmittel – auf Weltreise gehen: Ob aus heimischen Gefilden oder exotischeren Landen – die Herkunft schmeckt durch bei Honig aus Avocado- oder Orangenblüten, Palmzuckern, Agavendicksaft oder, oder …

Mehr Geschmack und gute Laune durch Gewürze

Mit Gewürzen können Sie das Aroma von Süßspeisen noch verstärken. Die Weihnachtsbäckerei weiß das schon lange! Eine Prise Salz verstärkt den Geschmack von Zucker.

Weniger Zucker, dafür mehr Gewürze machen langweilige Gerichte und ewiges Süßeinerlei zu aufregenden Leckerbissen. Weiterhin profitiert unser Gefühlsleben von der gebündelten Kraft natürlicher Aromen – auch als Stärkung gegen den »Zuckerkick«. Die typischen Süßspeisengewürze fördern das Wohlbefinden wie der wohlig-süße Geschmack von Nachtisch und Kuchen. Zimt entspannt, harmonisiert die Hirnströme und damit das Gefühlsleben. Nelken und Anis steigern Durchblutung und Konzentration. Koriander stärkt die Nerven, und Ingwer hilft bei Nervosität.

Zuckerarme Grundrezepte für die Backstube

Mit folgenden Grundrezepten können Sie auf weißen Kristallzucker gänzlich verzichten und die natürliche Süßkraft der Zutaten nutzen.

Hefeteig gelingt mit 500 Gramm Mehl, 30 Gramm Hefe, etwa 200 Milliliter Milch, 4 bis 5 Esslöffel Ahornsirup oder Rübenkraut, 50 Gramm Butter und 1 Prise Salz.

Rührkuchen besteht aus 50 Gramm Butter, 4 bis 5 Esslöffeln Honig oder Rübenkraut, 1 Ei, 100 Gramm Mehl, 2 Esslöffeln Milch.

Mürbeteig schmeckt mit 250 Gramm Mehl, 175 Gramm Butter, 50 Gramm braunem Rohrzucker und 1 Ei.

Backpulverbiskuit 4 Eigelbe mit 2 Esslöffeln warmem Wasser, 60 Gramm Honig und 1 Teelöffel Zitronensaft schaumig rühren. 4 Eiweiße mit 50 Gramm Honig steif schlagen. 200 Gramm Weizenvollkornmehl mit 1 Teelöffel Backpulver vermischen und mit der Eigelbmasse verrühren. Eischnee unterziehen. Nicht ganz so locker, dafür aromatischer gelingt Biskuit mit Honig.

Besonders vollwertig wird Gebäck, wenn Sie statt Weißmehl Vollkornmehl verwenden. Vollkornteige brauchen etwas längere Ruhe- bzw. Gehzeiten und manchmal mehr Flüssigkeit.

Herkömmliche Kuchenrezepte können Sie abwandeln, indem Sie die angegebene Zuckermenge reduzieren und/oder mit Melasse, Sirup, Honig oder frischen Früchten süßen.

Die Brombeer-Joghurt-Creme schmeckt nach Sommer pur. Je reifer die Früchte, desto süßer und aromatischer ist das kalorienarme Dessert.

Für 4 Portionen

- 80 g Vollzucker
- 50 g Maisstärke
- 1 kräftige Prise Jodsalz
- $^1/_8$ l Magermilch (0,3% Fett)
- $^1/_2$ l fettarme Milch (1,5% Fett)
- 1 TL Vanillearoma oder Mark $^1/_2$ Vanilleschote
- 50 g Amarettoplätzchen

Süße Rezepte

Cremige Desserts

Puddings und Cremes sind köstliche Desserts, die ein Menü krönen können. Kinder, aber auch viele Erwachsene lieben cremigen Nachtisch und lassen sich gern davon verführen. Auf Desserttellern mit frischen Früchten arrangiert, werden Sie auch Ihre Gäste überraschen können. Besonders hübsch wirkt eine Dekoration mit essbaren Blüten, z. B. Gänseblümchen, Rosenblütenblättern oder Kapuzinerkresseblüten.

Amarettopudding

1 Vollzucker, Maisstärke und Jodsalz vermischen und nach und nach die Magermilch dazugeben. Mit dem Schneebesen glatt rühren.
2 Die fettarme Milch zum Kochen bringen. Die Zuckermischung darunter schlagen. Aufkochen und etwa 1 Minute unter Rühren kochen. Von der Kochstelle nehmen und mit dem Vanillearoma würzen.

3 Die Puddingmasse in vier Dessertschalen verteilen und 2 Stunden kühl stellen.
4 Die Amarettoplätzchen zerbröseln und vor dem Servieren über den Pudding streuen.

Pro Portion:
1087/260 kJ/kcal • 6 g Eiweiß
6 g Fett • 44 g Kohlenhydrate
0 g Ballaststoffe
18 mg Cholesterin • 3,7 BE

Tipp Maisstärke verklumpt nicht so leicht, wenn man sie erst mit Zucker vermischt und dann mit der Milch verrührt. Puddings immer gut aufkochen lassen, damit die Stärke nicht mehr pappig schmeckt. Wer keine Haut auf dem Pudding wünscht, sollte ihn bis zum Erkalten mehrfach mit einer Gabel umrühren.

Brombeer-Joghurt-Creme

Für 4 Portionen
- 500 g Brombeeren
- 300 g fettarmer Naturjoghurt
- 2 Eiweiß
- Apfeldicksaft

1 Die Brombeeren waschen und zugedeckt – ohne Flüssigkeitszugabe – bei mittlerer Hitze etwa 10 Minuten weich kochen. Abkühlen lassen.

2 Brombeeren durch ein Sieb streichen und mit dem Joghurt vermischen.

3 Eiweiße steif schlagen. Eischnee mit dem Schneebesen vorsichtig unter die Brombeer-Joghurt-Creme ziehen. Je nach Geschmack mit Apfeldicksaft süßen. Gut gekühlt servieren.

Pro Portion:
489/117 kJ/kcal • 6 g Eiweiß
2 g Fett • 15 g Kohlenhydrate
4 g Ballaststoffe
4 mg Cholesterin • 1,3 BE

Tipp Die Brombeer-Joghurt-Creme schmeckt auch halbgefroren mit heißer Brombeersauce sehr gut.

Mousse au Chocolat

Für 6 Portionen
- 100 g Halbbitterschokolade mit Vollrohrzucker
- 3 Eier
- 2 EL Apfelsüße oder Apfeldicksaft
- 200 g Sahne

1 Die Schokolade schmelzen.

2 In der Zwischenzeit die Eier trennen und die Eiweiße steif schlagen.

3 Eigelb mit der Apfelsüße schaumig rühren. Die geschmolzene Schokolade nach und nach unterrühren.

4 Eischnee unterheben, bis eine gleichmäßige Masse entsteht.

5 Die Sahne steif schlagen und unter die Schokoladencreme heben. Etwa 2 Stunden kalt stellen. Mit einem Esslöffel Nockerln abstechen.

Pro Portion:
1091/261 kJ/kcal • 6 g Eiweiß
19 g Fett • 14 g Kohlenhydrate
1 g Ballaststoffe
156 mg Cholesterin • 1,2 BE

Verwenden Sie für Desserts stets frische Eier! Speisen mit rohen Eiern kühlen und möglichst nach zwei Stunden verzehren. Sonst besteht Salmonellengefahr!

Tipp Schokolade immer sehr vorsichtig schmelzen lassen. Das geht am besten über einem Wasserbad. Darauf achten, dass das Wasser nicht in die Schokolade spritzt, sonst wird sie grießig. Schokolade niemals aufkochen, sie verliert dabei Geschmack und Konsistenz.

Für 4 Portionen

- 500 g gemischte Beeren
  (Himbeeren, Erdbeeren etc.)
- 2 EL Himbeergeist
- 4 EL Apfelsüße
- 4 Blatt Gelatine
- 4 Eier
- 100 g Sahne
- einige Beeren zum Verzieren

Beerensoufflé

1 Die Beeren putzen, waschen und in einem Mixer pürieren. Durch ein Sieb streichen, um das Fruchtfleisch von den Kernen zu trennen. Mit Himbeergeist und Apfelsüße würzen und beiseite stellen.

2 Die Gelatine in kaltem Wasser einweichen. Die Gelatine gut ausdrücken und in 100 Milliliter heißem Wasser auflösen.

3 Eier trennen und die Eigelbe zusammen mit der Gelatine unter das Beerenpüree rühren. Gut vermischen und in den Kühlschrank stellen.

4 Inzwischen Eiweiße und die Sahne in getrennten Behältnissen mit den Quirlen des Handrührgeräts steif schlagen und unter das Beerenpüree heben.

5 Das Soufflé in eine Form geben und im Kühlschrank etwa 4 Stunden fest werden lassen. Vor dem Servieren mit Beeren verzieren.

Pro Portion:

1070/256 kJ/kcal • 10 g Eiweiß
15 g Fett • 13 g Kohlenhydrate
10 g Ballaststoffe
267 mg Cholesterin • 1,1 BE

Tipp Das Soufflé können Sie auch einfrieren. Tiefgekühlt hält es sich etwa sechs Wochen. Anstelle der Gelatine kann auch pflanzliches Geliermittel, z. B. Agar-Agar, verwendet werden.

Zitronenmousse

1 Eier trennen. Die Eigelbe mit dem Vollzucker cremig rühren. Die Zitronenschale und den Zitronensaft dazugeben.

2 Schmand schaumig schlagen und unter die Eimasse heben.

3 Eiweiße steif schlagen und löffelweise unter die Mousse ziehen. Kühl stellen.

4 Mit einem Esslöffel Nockerln ausstechen und nach Belieben pur oder mit frischem Obst als Dessert reichen.

Pro Portion:

719/172 kJ/kcal • 4 g Eiweiß
12 g Fett • 10 g Kohlenhydrate
0 g Ballaststoffe
113 mg Cholesterin • 0,8 BE

Für 6 Portionen

- 2 Eier
- 50 g Vollzucker
  oder Vollrohrzucker
- Saft und abgeriebene Schale
  von 1 Zitrone
- 300 g Schmand
  oder Crème fraîche

Mousse von getrockneten Pflaumen

1 Die getrockneten Pflaumen am besten über Nacht mit Wasser zugedeckt einweichen. Dann abtropfen lassen, entsteinen und klein schneiden.

2 Die klein geschnittenen Pflaumen mit dem Zwetschgenwasser und dem Apfelkraut in einen Mixer geben und pürieren.

3 Die Sahne steif schlagen und unter die Pflaumenmasse rühren. Das Mousse im Kühlschrank etwa 2 Stunden kalt stellen, bis die Masse fest geworden ist.

4 Für die Sauce die frischen Pflaumen waschen, entkernen und mit dem Rotwein und der Zimtstange in einem Topf zugedeckt zum Kochen bringen und etwa 10 Minuten auf mittlerer Stufe kochen lassen.

5 Die Zimtstange entfernen, alles pürieren und durch ein Sieb streichen.

6 Die Sauce auf Tellern verteilen, von der Mousse Nockerln abstechen und darauf setzen.

Pro Portion:

907/217 kJ/kcal • 2 g Eiweiß
8 g Fett • 28 g Kohlenhydrate
4 g Ballaststoffe
27 mg Cholesterin • 2,3 BE

Für 6 Portionen

- 200 g Trockenpflaumen
- 20 ml Zwetschgenwasser
- 1 EL Apfelkraut
- 150 g Sahne
- 300 g frische Pflaumen
- 2 EL Rotwein
- 1 Zimtstange

Bananen-Joghurt-Dessert

1 In einer Schüssel Milch mit Zitronensaft, Joghurt, Sauerrahm und dem Mark der Vanilleschote vermischen.

2 Gelatine in 5 Esslöffeln kaltem Wasser einweichen. Dann kurz erhitzen, bis sie vollständig aufgelöst ist und unter die Joghurtmischung rühren.

3 Die Bananen schälen, in dünne Scheiben schneiden und mit Zitronensaft beträufeln. Gleichmäßig in acht Dessertgläser verteilen und mit der Joghurtmischung auffüllen.

4 Im Kühlschrank etwa 2 Stunden kalt stellen, bis das Dessert cremig ist. Vor dem Servieren mit Bananenscheiben dekorieren.

Pro Portion:

510/122 kJ/kcal • 5 g Eiweiß
4 g Fett • 15 g Kohlenhydrate
2 g Ballaststoffe
13 mg Cholesterin • 1,3 BE

Für 8 Portionen

- 3/8 l Milch
- 1 TL Zitronensaft
- 500 g fettarmer Vanillejoghurt
- 100 g Sauerrahm
- Mark von 1/2 Vanilleschote oder etwas Vanilleextrakt
- 6 Blatt Gelatine
- 4 reife Bananen
- etwas Zitronensaft zum Beträufeln

Fruchtig-Frisches – für jede Saison

Früchte sind von Natur aus süß und können den Süßhunger stillen, wenn man Farbe, Duft, Saftigkeit, fruchtige Süße bewusst genießt. Wer vollreife Früchte verwendet, kann auf Zuckerzusatz verzichten. Reife Bananen besitzen beispielsweise bereits 20 Prozent Fruchtzucker, und süße Orangen liefern als Saft im Obstsalat genügend Süße. Einkaufstipp: Bevorzugen Sie Früchte der Region und der Saison. Sparen Sie nicht bei Obst.

Fruchtige Terrine

Für 4 Portionen

- 6 Blatt Gelatine
- 500 g frische Früchte
  (z. B. Nektarinen, Erdbeeren, Weintrauben)
- $^3/_8$ l Apfelsaft
- 2 EL Fruchtsüße
- Saft von 1 Zitrone

1 Gelatine in wenig Wasser einweichen.

2 Die Früchte waschen, putzen und in kleine Stücke schneiden.

3 $^1/_8$ Liter Apfelsaft erhitzen und die ausgedrückte Gelatine hinzufügen. Umrühren, bis sie vollständig aufgelöst ist. Den restlichen Apfelsaft, Fruchtsüße und Zitronensaft dazugeben und umrühren.

4 Die Früchte in vier kleine, kalt ausgespülte Förmchen oder Glasschüsseln geben und mit der Fruchtsaftmischung auffüllen. Mit Klarsichtfolie abdecken und am besten über Nacht, aber mindestens 6 Stunden kühl stellen.

5 Um die Fruchtterrine aus der Form zu lösen, Förmchen kurz in heißes Wasser tauchen und leicht schütteln. Die Terrine auf einen Teller stürzen und eventuell mit Schlagsahne servieren.

Pro Portion:
497/119 kJ/kcal • 1 g Eiweiß
1 g Fett • 25 g Kohlenhydrate
5 g Ballaststoffe
0 mg Cholesterin • 2,1 BE

Tipp Besonders attraktiv wirkt eine zweifarbige Terrine. Dafür rote Früchte, z. B. Erdbeeren oder Himbeeren, mit in rotem Johannisbeersaft aufgelöster Gelatine übergießen und fest werden lassen. Für gelbe Früchte wie Pfirsiche und Aprikosen Orangensaft verwenden, vorsichtig über die rote Schicht geben und im Kühlschrank erstarren lassen.

Aprikosen-Brombeer-Auflauf

Für 4 Portionen

1 Die Aprikosen waschen, vierteln und dabei entsteinen. Die Brombeeren waschen und abtropfen lassen. Den Backofen auf 180 °C (Umluft 160 °C, Gas Stufe 2–3) vorheizen.

2 Die Eier trennen. Eigelbe mit dem Zucker schaumig rühren. Abwechselnd Mehl, Grieß und Milch zugeben, bis ein glatter Teig entsteht.

3 Eiweiße mit Salz zu Eischnee schlagen und unterheben.

4 Eine flache Auflaufform mit der Butter fetten. Den Teig in die Form füllen und die Früchte darauf verteilen. Im Backofen 35 Minuten backen. Den Backofen ausschalten und den Auflauf noch 10 bis 15 Minuten ziehen lassen.

5 Den Auflauf herausnehmen und mit Zimt und Puderzucker überstäuben.

Pro Portion:
1500/360 kJ/kcal • 11 g Eiweiß
11 g Fett • 55 g Kohlenhydrate
2 g Ballaststoffe
185 mg Cholesterin • 4,5 BE

- 400 g Aprikosen
- 100 g Brombeeren
- 2 Eier
- 40 g Vollzucker
- 75 g Mehl
- 75 g Grieß
- 400 ml Vollmilch
- 1 Prise Jodsalz
- 1 EL Butter
- 1 TL Zimt
- 1 EL Puderzucker

Himbeernockerln auf Kiwipüree

1 Die Gelatine einige Minuten in kaltem Wasser einweichen. Die Himbeeren waschen und putzen. Die Hälfte der Himbeeren pürieren und durch ein Sieb streichen. Das Himbeermus mit Agavendicksaft süßen.

2 Die Gelatine ausdrücken und mit wenig Wasser erhitzen und auflösen. Die Gelatine unter das Himbeerpüree mischen.

3 Die Sahne steif schlagen. Sobald das Püree zu stocken beginnt, die geschlagene Sahne und den Joghurt unterheben. Das Himbeerpüree im Kühlschrank etwa 1 Stunde abkühlen.

4 Die Kiwis schälen und pürieren. Auf acht Teller verteilen. Aus dem Himbeerpüree mit einem Teelöffel kleine Nockerln ausstechen, auf die Kiwisauce setzen und servieren.

Pro Portion:
644/154 kJ/kcal • 3 g Eiweiß
9 g Fett • 13 g Kohlenhydrate
4 g Ballaststoffe
31 mg Cholesterin • 1 BE

Für 8 Portionen

- 6 Blatt Gelatine
- 400 g Himbeeren
- 2 EL Agavendicksaft
- 200 g Schlagsahne
- 250 g Naturjoghurt
- 3 vollreife Kiwis

Für 4 Portionen

- 500 g Erdbeeren
- 1 süße Orange mit unbehandelter Schale
- 2 EL Agar-Agar
- Fruchtsüße
- 100 g Naturjoghurt
- 2 Eiweiße
- Orangenschale und Erdbeeren zum Dekorieren

Orangen-Erdbeer-Mousse

1 Erdbeeren waschen und putzen. Orange heiß abwaschen. Orange mit einem Julienneschneider dünn abschälen, halbieren und auspressen.

2 3 Esslöffel Orangensaft erhitzen, aber nicht kochen. Agar-Agar über den warmen Orangensaft streuen und auflösen, bis die Flüssigkeit klar wird.

3 Die Erdbeeren mit dem restlichen Orangensaft und der Orangenschale pürieren. Nach Geschmack Fruchtsüße zufügen.

4 Die Agar-Agar-Mischung und den Joghurt dazugeben und verrühren. 30 Minuten kühlen.

5 Eiweiße steif schlagen und unter das fast erstarrte Erdbeerpüree ziehen. Die Fruchtmousse in Dessertgläser füllen und kalt stellen, bis sie fest ist.

Pro Portion:
368/88 kJ/kcal • 4 g Eiweiß
2 g Fett • 12 g Kohlenhydrate
4 g Ballaststoffe
3 mg Cholesterin • 1 BE

Der exotische Fruchtsalat mit aromatischer Mangosauce sollte gut gekühlt serviert werden. Dann ist er eine willkommene Erfrischung an heißen Sommertagen.

Exotischer Fruchtsalat

Für 4 Portionen

- 2 reife Pfirsiche
- 2 Kiwis
- 1 Karambole
- 50 g Erdbeeren
- Saft von 1 süßen Orange
- 1 vollreife Mango
- Saft von 1/2 Limette

1 Pfirsiche waschen und mit kochendem Wasser einige Sekunden überbrühen. Die Pfirsichhaut abziehen. Pfirsiche halbieren und entkernen. Pfirsichfleisch in dünne Scheiben schneiden.

2 Kiwis schälen und ebenfalls in Scheiben zerteilen. Karambole waschen und braune Stellen entfernen. In Sterne schneiden und die Kerne entfernen. Die Erdbeeren waschen, putzen und halbieren. Alle Zutaten auf einem Teller dekorativ anrichten und mit Orangensaft beträufeln.

3 Die Mangos schälen, das Fruchtfleisch vom Stein lösen und würfeln. Fruchtfleisch mit dem Limettensaft pürieren. Das Fruchtpüree über den Obstsalat verteilen und kalt stellen.

Pro Portion:

397/95 kJ/kcal • 2 g Eiweiß
1 g Fett • 19 g Kohlenhydrate
3 g Ballaststoffe
0 mg Cholesterin • 1,6 BE

Variante Sie können aus jeder beliebigen Obstmischung einen Fruchtsalat zubereiten. Orientieren Sie sich dabei am besten am saisonalen Angebot. Heimische Früchte, zur richtigen Zeit geerntet, sind sehr aromatisch und schmecken angenehm süß.

Tipp Wählen Sie sorgfältig die Karambole aus. Es gibt zwei Typen von sehr unterschiedlicher Qualität. Die größere Frucht duftet nach Jasmin, schmeckt süß mit feiner Säure, wie eine Mischung aus Quitte und Stachelbeere. Reife Früchte haben eine helle Bernsteinfarbe.
Die kleinere Frucht ist hellgelb bis blassgrün. Sie hat einen starken Säuregeschmack und enthält Oxalsäure. Bei fortschreitender Reifung sorgt die Oxalsäure für ein leicht muffiges Aroma. Je größer die Früchte, desto besser ist der Geschmack. (Bei anderen Früchten ist es genau umgekehrt.) Früchte, deren Spitzen sich schon braun verfärben, sollte Sie besser liegen lassen. Karambolen sind besonders reich an Nährstoffen und damit ideal während und nach einer Krankheit.

Für 30 Stück

- 1 große, vollreife Banane
- 1 Orange mit unbehandelter Schale
- Saft von $1/2$ Orange
- 300–350 g gemahlene Mandeln
- 2 EL Kakaopulver
- 30 Pralinenförmchen

Die Bananenkugeln eiskalt servieren und bald verzehren, da sie sonst braun und matschig werden. Kinder mögen sie besonders als Eis. Dazu in jede Kugel einen Zahnstocher stecken und einfrieren.

Bananenkugeln

1 Die Bananen schälen und pürieren. Orange heiß abwaschen und mit einem Juliennemesser schälen. Orange auspressen. Den Orangensaft und die Schale unter das Bananenpüree schlagen.
2 200 Gramm gemahlene Mandeln dazugeben und etwa 30 Minuten in den Kühlschrank stellen.
3 Die restlichen Mandeln mit dem Kakaopulver mischen und auf einen Teller schütten.
4 Die Bananenmasse aus dem Kühlschrank nehmen. Mit einem Teelöffel kleine (insgesamt 30) Portionen abstechen und mit leicht bemehlten Händen Kugeln formen. Wenn die Masse noch zu weich ist, weitere gemahlene Mandeln zufügen.
5 Jede Kugel im Kakao-Mandel-Pulver wälzen, in kleine Pralinenförmchen legen und kühl stellen.

Pro Stück:
296/71 kJ/kcal • 2 g Eiweiß
6 g Fett • 2 g Kohlenhydrate
1 g Ballaststoffe
0 mg Cholesterin • 0,2 BE

Tipp Anstelle von Kakao können Sie auch Carob verwenden.

Müslinester

1 Backofen auf 180 °C (Umluft 160 °C, Gas Stufe 2–3) vorheizen. Die Butter schmelzen und darin die Haferflocken rösten. Die leicht gebräunte Masse abkühlen lassen.
2 Die getrockneten Früchte fein würfeln. Das Ei mit einer Gabel verquirlen.
3 Die Haferflocken und Früchte zu dem Ei geben. Mit zwei Teelöffeln kleine Häufchen auf ein mit Backpapier ausgelegtes Blech setzen.
4 Das Backblech in den Backofen schieben (mittlere Schiene) und die Müslinester etwa 10 Minuten backen.

Pro Stück:
159/38 kJ/kcal • 1 g Eiweiß
2 g Fett • 4 g Kohlenhydrate
1 g Ballaststoffe
12 mg Cholesterin • 0,3 BE

Für 30 Stück

- 50 g Butter
- 100 g kernige Haferflocken
- 50 g Trockenpflaumen
- 50 g getrocknete Aprikosen
- 1 Ei

Fruchtschnitten

1 Die getrockneten Aprikosen heiß abbrausen, klein schneiden und im Blitzhacker oder mit dem Pürierstab sehr fein pürieren.

2 Die Sesamsamen in einer Pfanne kurz anrösten und zusammen mit dem Hagebuttenmark unter das Aprikosenpüree mischen.

3 Die Gewürze dazugeben und alles gut vermengen. Falls die Masse zu trocken ist, noch etwas Hagebuttenmark oder auch Kokosraspeln dazugeben.

4 Oblaten etwa 1 Zentimeter dick mit der Fruchtpaste bestreichen, mit einer zweiten Oblate belegen und leicht andrücken.

5 Die Fruchtschnitten mit einem Brett und schweren Behältnissen (z. B. Konservendosen) beschweren und etwa 2 bis 3 Stunden trocknen lassen. Dann in beliebige Formen schneiden und als kleine Zwischenmahlzeit reichen.

Pro Stück:

226/54 kJ/kcal • 1 g Eiweiß
1 g Fett • 8 g Kohlenhydrate
4 g Ballaststoffe
0 mg Cholesterin • 0,7 BE

Für 20 Stück

- 250 g getrocknete Aprikosen
- 50 g Sesamsamen
- 125 g ungesüßtes Hagebuttenmark
- je 1 Messerspitze Zimt und Kardamom
- große Oblaten

Gebackene Amarettobananen

1 Den Orangensaft mit dem Honig und dem Amaretto zum Kochen bringen.

2 Die Speisestärke in 1 Esslöffel Wasser auflösen, zum Saft geben und etwa 2 Minuten aufkochen lassen.

3 Anschließend die Mandarin-Orangen zugeben und etwa 5 Minuten kochen lassen, bis alles leicht eingedickt ist.

4 Die Bananen der Länge nach durchschneiden, auf vier hitzebeständige Teller verteilen und mit der Mandarin-Orangen-Sauce übergießen.

5 Im Backofen bei 200 °C (Umluft 180 °C, Gas Stufe 3–4) etwa 15 Minuten backen.

6 Die gebackenen Amaretto-Bananen heiß mit 1 bis 2 Esslöffeln Joghurt servieren.

Pro Portion:

953/228 kJ/kcal • 3 g Eiweiß
2 g Fett • 45 g Kohlenhydrate
3 g Ballaststoffe
12 mg Cholesterin • 3,8 BE

Für 4 Portionen

- 150 ml Orangensaft
- 2 EL Honig
- 2 EL Amaretto
- 1 gestrichener EL Speisestärke
- 1 Dose Mandarin-Orangen, ungezuckert oder 3 frische Mandarinen
- 2 Bananen
- 50 g Joghurt

Für 4 Portionen

- 4 Orangen
- 2 Bananen
- 1 EL Honig
- 1/2 Honigmelone
- 1 Kiwi
- 100 g Erdbeeren
- 50 g Naturjoghurt

Kalte Früchtesuppe

1 Die Orangen halbieren und auspressen. Orangensaft, eine Banane und Honig mit einem Pürierstab oder in einem Mixer fein pürieren.

2 Die übrigen Früchte waschen, eventuell schälen und in mundgerechte Stücke schneiden. Die Fruchtstücke in tiefe Teller oder Schüsselchen legen und mit dem pürierten Saft gleichmäßig übergießen.

3 Je 1 bis 2 Esslöffel Joghurt darauf geben. Gekühlt servieren.

Pro Portion:
803/192 kJ/kcal • 4 g Eiweiß
1 g Fett • 38 g Kohlenhydrate
7 g Ballaststoffe
2 mg Cholesterin • 3,2 BE

Schokoladiges und Konfekt

Kakao und daraus hergestellte Schokolade ist bei Groß und Klein beliebt. Schokolade enthält je nach Sorte zwischen 35 und 45 Prozent Zucker. Wer auf Zucker verzichten möchte, kann zwischen Schokolade wählen, die mit Honig oder Vollzucker bzw. Vollrohrzucker gesüßt ist. Pralinen und Konfekt enthalten häufig Eigelb oder Milchprodukte und sollten deshalb innerhalb einer Woche verzehrt werden.

Schokoladencrossies

1 Die Schokolade im Wasserbad unter Rühren schmelzen. Die Sahne einrühren und anschließend die Cornflakes unterheben.

2 Aus dieser Masse mit zwei Teelöffeln kleine Häufchen auf ein mit Pergamentpapier belegtes Backblech setzen und trocknen lassen. Die erkalteten Schokoladencrossies gut gekühlt verzehren.

Für ca. 15 Stück

- 100 g Halbbitterkuvertüre oder -schokolade mit Honig oder Vollzucker
- 2 EL Sahne
- 1–2 Tassen Cornflakes

Pro Stück:
267/64 kJ/kcal • 1 g Eiweiß
3 g Fett • 8 g Kohlenhydrate
1 g Ballaststoffe
2 mg Cholesterin • 0,7 BE

Marzipankartoffeln

1 Die Mandeln in kochendes Wasser geben, 2 bis 3 Minuten ziehen lassen und in einem Sieb abgießen. Kalt abbrausen und für 30 Minuten in eine Schüssel mit kaltem Wasser legen.

2 Den Backofen auf 140 °C (Umluft 120 °C, Gas Stufe 1) vorheizen. Die abgekühlten Mandeln enthäuten. (Mandel zwischen Zeigefinger und Daumen leicht herausdrücken.)

3 Die Mandeln fein mahlen (siehe Tipp) und mit Honig und Rosenwasser zu einem geschmeidigen Teig kneten. Den Teig in Alufolie wickeln. Im Backofen etwa 10 Minuten trocknen.

4 Das Rohmarzipan durchkneten, in mehrere Stücke teilen und zu 1 Zentimeter dicken Rollen formen. Diese in 2 Zentimeter lange Stücke schneiden und kleine Bälle kneten.

5 Die Marzipankugeln in Kakao- oder Carobpulver wälzen.

Pro Stück:
217/52 kJ/kcal • 1 g Eiweiß
4 g Fett • 3 g Kohlenhydrate
1 g Ballaststoffe
0 mg Cholesterin • 0,3 BE

Für 15 Stück
- 100 g ganze Mandeln
- 50 g Honig
- 1 TL Rosenwasser
- Kakao- oder Carobpulver

Tipp Damit das Marzipan nicht so sehr an den Fingern kleben bleibt, sollte es vor dem Durchkneten im Kühlschrank ruhen. Am besten lässt es sich auf einer Marmorplatte verarbeiten. Je feiner die Mandeln gemahlen sind, umso geschmeidiger wird das Marzipan. Am besten zweimal durchmahlen und anschließend noch einmal in den Mixer geben.
Damit Marzipan nicht austrocknet, immer in einer Blechdose, oder in Frischhaltefolie gewickelt, aufbewahren.

Info Honigmarzipan gibt es auch fertig zu kaufen, im Naturkosthandel oder Reformhaus. Rosenwasser erhalten Sie in der Apotheke. Statt Rosenwasser können Sie auch Orangenblütenwasser nehmen. Gelegentlich wird Persipan angeboten, eine Mischung aus Aprikosen-, Pfirsich- oder Bergmandelkernen und Zucker oder Honig. Persipan ist billiger als Marzipan, ähnelt diesem aber sehr stark im Geschmack.

Anstelle von ganzen Mandeln können Sie auch gemahlene Mandeln verwenden. Dann müssen Sie etwas Wasser (3 bis 4 Esslöffel) hinzufügen, da das Rohmarzipan sonst sehr trocken wird.

Für 12 Stück
- 12 Datteln
- 20 g gehackte Walnüsse
- 1 EL Aprikosenkonfitüre
- 1 Eiweiß
- Vollzucker zum Wälzen

Dattel-Walnuss-Konfekt

1 Die Datteln längs aufschneiden und vom Kern befreien. Die gehackten Walnüsse mit der Aprikosenkonfitüre verrühren.

2 Die Walnussmasse in einen Spritzbeutel mit Lochtülle geben und die Datteln damit füllen. Die Früchte fest zusammendrücken, mit Eiweiß bestreichen und in Vollzucker wälzen. Trocknen lassen und kühl stellen.

Pro Stück:

159/38 kJ/kcal • 1 g Eiweiß

0 g Fett • 8 g Kohlenhydrate

1 g Ballaststoffe

0 mg Cholesterin • 0,6 BE

Info Datteln kommen vorwiegend aus Vorderasien nach Deutschland. Bei uns werden meist weiche, getrocknete, stark zuckerhaltige Sorten angeboten. Es gibt sie entkernt oder mit Stein. Getrocknete Datteln enthalten bis zu 70 Prozent Zucker und ähneln damit Honig. Sie sind reich an Kalzium, Kalium, Eisen und den Vitaminen A und D. Datteln enthalten auch Wirkstoffe, die die Rachenschleimhaut desinfizieren.

Walnuss-Kakao-Kugeln

1 Die Löffelbiskuits fein zerkrümeln. Mit Kakaopulver, den gehackten Walnüssen, Rum und Sirup verkneten.

2 Mit einem Teelöffel kleine Portionen von der Masse abstechen und mit den Händen zu Kugeln formen.

3 In Kakaopulver oder Kokosflocken wälzen. Kühl stellen.

Pro Stück:

247/59 kJ/kcal • 2 g Eiweiß

2 g Fett • 8 g Kohlenhydrate

1 g Ballaststoffe

25 mg Cholesterin • 0,6 BE

Für ca. 20 Stück
- 200 g Löffelbiskuits
- 2 EL Kakaopulver
- 100 g gehackte Walnüsse
- 4 EL Rum
- 3 EL Zuckerrübensirup
- Kakaopulver zum Wälzen

Tipp Verwenden Sie verschiedene Pulver zum Wälzen, und Sie haben interessante Varianten in Aussehen und Geschmack. Geeignet sind Carobpulver, Kokosflocken, gemahlene Nüsse, gehackte Pistazien oder Zimt.

Eierlikörkonfekt

Für ca. 20 Stück

- 125 g Halbbitterkuvertüre
- 125 g Butterschmalz
- 100 g Vollzucker
- 150 g geriebene Mandeln
- 3 EL Eierlikör
- gehackte Pistazien und Kakaopulver

1 Die Halbbitterkuvertüre schmelzen. Das Butterschmalz zerlassen und mit der Halbbitterkuvertüre vermischen.

2 Vollzucker hinzufügen und auflösen. Mandeln und Eierlikör unterrühren. Die Masse kalt stellen.

3 Mit einem Teelöffel kleine Portionen abstechen und Kugeln (ca. 2 Zentimeter Durchmesser) formen. In Pistazien oder Kakaopulver wälzen und kalt stellen.

Pro Stück:

677/162 kJ/kcal • 2 g Eiweiß

12 g Fett • 9 g Kohlenhydrate

1 g Ballaststoffe

22 mg Cholesterin • 0,8 BE

Info Das Eierlikörkonfekt ist aufgrund seiner gehaltvollen Zutaten zum Genießen »verurteilt«. In einem luftdichten Gefäß hält es sich einige Tage im Kühlschrank.

Beim Formen des Eierlikörkonfekts sollten Sie darauf achten, dass die Masse gut durchkühlen kann und nicht lange bei Zimmertemperatur liegen bleibt.

Für ca. 35 Stück

- 150 g Vollmilchschokolade mit Vollrohrzucker
- 250 g Kondensmilch
- 300 g kernlose Rosinen
- Papierförmchen

Schokoladige Rosinenbällchen

1 Die Schokolade schmelzen. Die Kondensmilch einrühren. In den Kühlschrank stellen und erstarren lassen.

2 Die Masse aufschlagen, bis sie dicklich wird. Die Rosinen unterheben. Mit zwei Teelöffeln kleine Häufchen auf ein mit Backpapier ausgelegtes Backblech setzen und trocknen lassen. In kleine Papierförmchen geben. Kühl stellen.

Pro Stück:
247/59 kJ/kcal • 1 g Eiweiß
2 g Fett • 9 g Kohlenhydrate
1 g Ballaststoffe
3 mg Cholesterin • 0,7 BE

Kokoskonfekt

1 Die Schokolade schmelzen. Sahne, Butter, Zuckerrübensirup und Kokosraspeln in die Schokolade geben.

2 Die Banane in einem Mixer pürieren, mit Zitronensaft verquirlen und zu der Schokoladenmasse fügen. Die Pralinenmasse abkühlen und etwa 4 Stunden erstarren lassen.

3 Die Masse cremig schlagen und in einen Spritzbeutel mit Sterntülle füllen. In Pralinenmanschetten aus Papier füllen und mit Kokosraspeln bestreuen.

4 Das Konfekt wieder in den Kühlschrank stellen und über Nacht fest werden lassen. Zur Aufbewahrung in eine Dose legen und kühl stellen.

Pro Stück:
347/83 kJ/kcal • 1 g Eiweiß
6 g Fett • 6 g Kohlenhydrate
1 g Ballaststoffe
9 mg Cholesterin • 0,5 BE

Für ca. 30 Stück

- 250 g Vollmilchschokolade mit Honig
- 100 g Sahne
- 60 g weiche Butter
- 50 g Zuckerrübensirup
- 60 g Kokosraspeln
- 1 Banane
- 1 Spritzer Zitronensaft
- 30 Pralinenmanschetten
- Kokosraspeln zum Bestreuen

Tipp Das Kokoskonfekt schmeckt eisgekühlt besonders gut! Man kann Kokosraspeln auch selbst machen. Dafür aus einer frischen Kokosnuss die Milch abfließen lassen, halbieren und das Fruchtfleisch herauslösen. Mit der Haushaltsreibe raspeln und sofort verwenden. Da die frischen Raspeln mehr Feuchtigkeit enthalten, kann in den Rezepten etwas Flüssigkeit eingespart werden. Reste von Kokosraspeln lassen sich einfrieren.

Schokoladentrüffel

Für 12 Stück

1 Die Schokolade über einem heißen Wasserbad schmelzen. Mit Butter, Eigelben und Sahne verrühren. Kalt stellen, bis die Mischung fest wird.
2 Die Schokoladenmasse mit zwei Teelöffeln in 12 Portionen zu kleinen Trüffeln formen. In gemahlenen Walnüssen wälzen und kalt servieren.

- 225 g Schokolade mit Vollrohrzucker
- 2 EL weiche Butter
- 2 Eigelbe
- 1 EL Sahne
- 50 g gemahlene Walnüsse

Pro Stück:
606/145 kJ/kcal • 3 g Eiweiß
10 g Fett • 10 g Kohlenhydrate
1 g Ballaststoffe
62 mg Cholesterin • 0,8 BE

Tipp Anstelle von Milchschokolade können Sie auch Carobschokolade verwenden und die Trüffel zum Schluss in Carobpulver wenden.
Carob wird aus baumreifen Schoten des immergrünen Johannisbrotbaums gewonnen. Die Schote wird, ohne die innenliegenden Kerne, in kleine Stücke geschnitten, die schonend geröstet und anschließend zu feinem Pulver gemahlen werden. Wegen seines kakaoähnlichen Geschmacks findet Carobpulver Einsatz in Milchmischgetränken, Schokolade und anderen Süßigkeiten. Im Gegensatz zu Kakao enthält Carob kein Theobromin und Koffein. Carobpulver enthält ca. 46 Prozent natürlichen Zucker und ist mit ca. einem Prozent Fett eine kalorienarme Alternative zu Kakao.

Dattelkonfekt

Für ca. 20 Stück

1 Die Datteln mit dem Rosenwasser im Mixer pürieren, dann die anderen Zutaten unterkneten.
2 Den Teig etwa 1 Stunde ruhen lassen und anschließend auf einer Platte schnell kleine Kugeln formen. Das Konfekt gleichmäßig in geriebenen Mandeln wälzen. Kühl stellen.

- 100 g entsteinte Datteln
- 1 EL Rosenwasser
- 1 EL Kakaopulver
- 50 g geriebene Mandeln
- 1 Prise Kardamom
- 1 Prise gemahlene Nelken
- geriebene Mandeln zum Wälzen

Pro Stück:
188/45 kJ/kcal • 1 g Eiweiß
3 g Fett • 4 g Kohlenhydrate
1 g Ballaststoffe
0 mg Cholesterin • 0,3 BE

- 75 g Vollrohrzucker
- 3 EL Maisstärke
- 1 Messerspitze Jodsalz
- 75 g Kakaopulver, ungezuckert
- 1/2 l Milch
- 1 TL flüssige Vanilleessenz

Schokoladenpudding

1 Vollrohrzucker, Stärke, Jodsalz und Kakao in einem Kochtopf vermischen. Milch einrühren und mit einem Schneebesen durchrühren.
2 Die Mischung unter ständigem Rühren aufkochen lassen. Mit Vanilleessenz abschmecken, in eine Glasschüssel füllen und abkühlen lassen.

Pro Portion:
1107/265 kJ/kcal • 7 g Eiweiß
7 g Fett • 43 g Kohlenhydrate
3 g Ballaststoffe
15 mg Cholesterin • 3,6 BE

Tipp Besonderen Pfiff erhält Schokoladenpudding mit 1 bis 2 Esslöffeln löslichem Kaffeepulver.

Info Diesen Pudding können Sie auch in der Mikrowelle zubereiten: Alle Zutaten bis auf die Vanilleessenz 5 bis 6 Minuten auf der höchsten Stufe zum Kochen bringen. Dabei jede Minute kurz umrühren. Dann die Vanilleessenz zugeben. Fertig!

Vollwertige Mandelkugeln

1 Das Weizenvollkornschrot mit 1/8 Liter Wasser übergießen, abdecken und im Kühlschrank über Nacht quellen lassen. Am nächsten Tag in ein feines Haarsieb geben und die Flüssigkeit gut ausdrücken.
2 Die Mandeln grob hacken. Schrot mit Orangensaft, Mandeln und Ahornsirup mischen und portionsweise mit dem Pürierstab pürieren.

3 Die Datteln schälen, entsteinen und mit dem Pürierstab zerkleinern. Alle Zutaten miteinander verkneten. Die Masse zu Kugeln formen und in Sesam oder Pistazien wälzen.

Pro Stück:
171/41 kJ/kcal • 1 g Eiweiß
2 g Fett • 5 g Kohlenhydrate
1 g Ballaststoffe
0 mg Cholesterin • 0,4 BE

- 100 g Weizenvollkornschrot
- 50 g Mandeln
- 1 EL Orangensaft
- 1 EL Ahornsirup
- 100 g Datteln
- Sesam oder gehackte Pistazien zum Wälzen

Tipp Die Mandelkugeln halten sich gut gekühlt etwa 1 Monat.

Carobbusserl

- 4 Eiweiße
- 180 g Vollzucker
- 400 g geriebene Nüsse
- 2 TL Zimt
- 1 TL Zitronenaroma
- 2 gestrichene TL Carobpulver
- 1 EL Zitronensaft
- runde Oblaten
  (Durchmesser: 3 cm)

1 Eiweiße mit dem Vollzucker sehr steif schlagen. Alle anderen Zutaten nach und nach vorsichtig unterheben. Den Teig etwa 1 Stunde ruhen lassen.
2 Dann kleine Häufchen auf die Oblaten geben und bei einer Temperatur von 180 °C (Umluft 160 °C, Gas Stufe 3–4) etwa 15 Minuten backen.

Pro Stück:
410/98 kJ/kcal • 3 g Eiweiß
6 g Fett • 8 g Kohlenhydrate
1 g Ballaststoffe
0 mg Cholesterin • 0,7 BE

Tipp Stört bei den Carobbusserln ein überstehender Oblatenrand, so kann dieser nach dem Backen abgebrochen werden.

Info In Naturkostläden und gut sortierten Supermärkten werden auch Vollkornoblaten angeboten.

Der selbst gemachte Schokoladenpudding schmeckt sehr gut mit frischen, gemischten Früchten.

Für 6 Portionen

- 50 g Rosinen
- 2 EL Rum
- 3 EL Zitronensaft
- 2 Eigelbe
- 500 g Sahne
- 3 EL flüssiger Honig oder Ahornsirup

Rumrosinenparfait

1 Die Rosinen über Nacht in Rum einweichen. Zur Zubereitung zusammen mit dem Zitronensaft in einen Topf geben und erhitzen. Die Eigelbe hinzufügen, vermischen und schaumig aufschlagen.
2 Die Sahne steif schlagen und zum Schluss den Honig oder den Ahornsirup unterziehen. Vorsichtig mit dem Eigelbschaum vermischen.

3 Kleine Förmchen damit füllen, die Oberfläche glätten und mehrere Stunden gefrieren.
4 Kurz vor dem Servieren in warmes Wasser tauchen und auf Teller stürzen.

Pro Portion:
1447/346 kJ/kcal • 4 g Eiweiß
29 g Fett • 14 g Kohlenhydrate
1 g Ballaststoffe
196 mg Cholesterin • 1,2 BE

Rumkugeln

1 Rosinen waschen, fein würfeln und kurze Zeit in Rum einweichen.
2 Mandeln und Kakaopulver mischen. Die in Rum marinierten Rosinen, den Vollzucker und das Eiweiß hinzufügen und mit dem Rührgerät (Knethaken) verkneten.

3 Die Masse in 20 Portionen teilen. Kleine Kugeln formen und kühl stellen.

Pro Stück:
301/72 kJ/kcal • 2 g Eiweiß
4 g Fett • 6 g Kohlenhydrate
1 g Ballaststoffe
0 mg Cholesterin • 0,5 BE

Tipp Als alkoholfreie Variante kann man anstelle des Rums auch Vanille- oder Orangenessenz verwenden.

Info Echter Rum ist ein Edelbrand, der aus Zuckerrohrmelasse hergestellt wird. Sein charakteristisches Aroma erhält er durch eine mindestens dreijährige Lagerung in Holzfässern. Deutscher Rum wird aus Zuckerrübenabfällen und Aromastoffen erzeugt. Rumverschnitt ist eine Mischung verschiedener Sorten.

Für 20 Stück

- 40 g Rosinen
- 1 EL Rum
- 150 g geschälte, fein gemahlene Mandeln
- 1 EL Kakaopulver
- 5 EL Vollzucker
- 1 Eiweiß

Frostiges

Eiscreme ist die beliebteste Nachspeise bei Jung und Alt. Wer wissen will, was in seinem Eis drinsteckt, sollte es selbst machen. Die folgenden Rezepte wurden mit Hilfe einer Eismaschine hergestellt. Das Eis wird dadurch cremiger und schmeckt besser!

Wassereis gelingt jedoch auch ohne Eismaschine: Einfach Obstsäfte in Steckerlformen einfüllen, gefrieren lassen, fertig! Eine Erfrischung, die bei kleinen Süßmäulern beliebt ist.

Wer viel und gern Eis isst, sollte sich eine Eismaschine anschaffen. Damit lässt sich Eiscreme blitzschnell zubereiten.

Schnelles Bananenkirscheis

1 Die Banane und die gefrorenen Kirschen mit der Milch zu einer dickflüssigen Fruchtmasse pürieren. Nach Bedarf noch Milch zugeben, bis die Masse einheitlich wird.
2 Das Eis in kleine Schüsseln verteilen und sofort servieren.

Nach Belieben mit frischen Früchten garnieren.

Pro Portion:
706/169 kJ/kcal • 2 g Eiweiß
0 g Fett • 36 g Kohlenhydrate
3 g Ballaststoffe
0 mg Cholesterin • 3 BE

Für 2 Portionen
- 1 vollreife Banane
- 200 g Kirschen (entkernt und tiefgekühlt)
- 50 ml fettarme Milch oder Sojamilch

Erdbeereis

1 Das Ei mit der Apfelsüße und dem ausgeschabten Mark der Vanilleschote schaumig schlagen.
2 Die Milch zufügen und alles mindestens 2 Minuten mit dem elektrischen Handrührgerät aufschlagen, bis viel Schaum entstanden ist.
3 Die Erdbeeren waschen, putzen und fein pürieren.

Vorsichtig unter den Schaum heben.
4 Alles sofort in das Gefrierfach geben und etwa 3 Stunden gefrieren lassen.

Pro Portion:
322/77 kJ/kcal • 3 g Eiweiß
3 g Fett • 8 g Kohlenhydrate
1 g Ballaststoffe
64 mg Cholesterin • 0,7 BE

Für 4 Portionen
- 1 Ei
- 2 EL Apfelsüße oder Apfeldicksaft, je nach Geschmack
- 1 Vanilleschote
- $\frac{1}{8}$ l Milch
- 200 g Erdbeeren

Für 6 Portionen

- ¹/₂ kg Pflaumen oder Zwetschgen
- 4 EL Honig
- 1 Zimtstange
- 200 g Sahne
- 200 g Magermilchjoghurt
- Mark von 1 Vanilleschote

Wenn Sie keine Eismaschine besitzen, können Sie das Eis auch mit Hilfe einer Gefriertruhe herstellen: Die Pflaumen-Joghurt-Mischung in eine gefrierbeständige Schüssel, z. B. aus Metall, geben und in der Gefriertruhe mindestens 2 bis 3 Stunden fest werden lassen. Zwischendurch mehrmals kräftig durchmixen, damit keine harten Eiskristalle entstehen.

Das Himbeer-Joghurt-Eis wird zu einem köstlichen Dessert, wenn frische Himbeeren oder frisches Himbeermus dazu gereicht werden. Da bleibt jedes gekaufte Eis liegen.

Pflaumen-Joghurt-Eis

1 Pflaumen waschen, entkernen und zusammen mit dem Honig, der Zimtstange und 60 Milliliter Wasser zum Kochen bringen. Bei schwacher Hitze 10 Minuten kochen, bis die Pflaumen weich sind.

2 In der Zwischenzeit die Sahne steif schlagen.

3 Zimtstange aus den gekochten Pflaumen entfernen. Die Pflaumenmasse in einem Mixer pürieren und durch ein Sieb streichen.

4 Joghurt, Sahne und das Mark der Vanilleschote unter das Pflaumenpüree ziehen, in die Eismaschine geben und gefrieren lassen.

5 Bevor Sie das Pflaumen-Joghurt-Eis servieren, das Eis 10 Minuten antauen lassen.

Pro Portion:

819/197 kJ/kcal • 3 g Eiweiß
11 g Fett • 21 g Kohlenhydrate
2 g Ballaststoffe
36 mg Cholesterin • 1,7 BE

Himbeer-Joghurt-Eis

Für 4 Portionen

- 1 EL Fruchtsüße oder Apfel-dicksaft
- 125 g Sahne
- 125 g fettarmer Naturjoghurt
- 3 EL Himbeerkonfitüre ohne Zucker

1 Fruchtsüße, Sahne und Joghurt miteinander verschlagen. Die Himbeerkonfitüre darunter rühren. Diese Sauce in kleine Förmchen oder Schüsselchen, am besten aus Kunststoff oder Metall, geben.

2 Im Gefriergerät etwa 2 bis 3 Stunden gefrieren lassen, zwischendurch umrühren.

3 Zum Servieren die Förmchen ganz kurz in heißes Wasser tauchen und das Eis auf einen Teller stürzen.

Pro Portion:

623/149 kJ/kcal • 2 g Eiweiß
10 g Fett • 12 g Kohlenhydrate
1 g Ballaststoffe
35 mg Cholesterin • 1 BE

Vanilleeis

Für 4 Portionen

- 200 g Sahne
- 3 Eigelbe
- 60 g Fruchtzucker
- Mark von 1 Vanilleschote

1 Sahne mit den Quirlen des Handrührgeräts steif schlagen.

2 Eigelbe und Zucker schaumig rühren. Die Vanilleschote längs aufschneiden, das Mark herauskratzen und dazugeben.

3 Die steif geschlagene Sahne unterheben.

4 Die Masse mindestens 2 Stunden im Gefriergerät einfrieren.

Pro Portion:

1187/284 kJ/kcal • 4 g Eiweiß
21 g Fett • 17 g Kohlenhydrate
0 g Ballaststoffe
291 mg Cholesterin • 1,4 BE

Tipp Kommt bei Kindern immer gut an: Vanilleeis durch eine Kartoffel- oder Spätzlepresse drücken und portionsweise auf Tellern anrichten. Mit pürierten, heißen Himbeeren anrichten. Das Himbeerpüree nach Belieben mit Ahornsirup süßen. Gern wird diese Kreation »Spaghettieis« genannt.

● Mit verschiedenen Fruchtsirupsorten, die u.a. in Reformhäusern und Bioläden angeboten werden, erhält das Vanilleeis unterschiedliche Geschmacksnuancen. Servieren Sie das Eis in bunten Eisschalen und garnieren es mit frischen Früchten, gerösteten Mandelsplittern oder gehackten Pistazien.

Das Vanilleeis wird auch ohne Eismaschine cremig, weil die Masse relativ viel Fett und wenig Wasser enthält.

Für 6 Portionen

- 500 g frische Früchte
  (der Saison)
- 300 g probiotischer Joghurt
- 4 EL Apfeldicksaft
- 200 g Sahne
- Früchte zum Verzieren

Gefrorenes Joghurt-Frucht-Dessert

1 Die Früchte waschen, putzen und fein pürieren.

2 Den Joghurt mit dem Apfeldicksaft und den pürierten Früchten mit einem Schneebesen verrühren.

3 Die Sahne steif schlagen, unter die Joghurt-Frucht-Mischung heben und in die Eismaschine geben.

4 Das gefrorene Joghurt-Frucht-Dessert auf Tellern anrichten und mit Früchten verzieren.

Pro Portion:

861/206 kJ/kcal • 3 g Eiweiß
13 g Fett • 18 g Kohlenhydrate
2 g Ballaststoffe
42 mg Cholesterin • 1,5 BE

Info Probiotische Milchprodukte enthalten bestimmte Bakterien, die die aggressive Magensäure besser überleben als andere Milchsäurebakterien. Im Darm angelangt können sie Krankheitserreger abwehren und leisten damit bei täglichem Verzehr einen wichtigen Beitrag zur Stärkung des Immunsystems.

Pfirsichsorbet

1 Die Pfirsiche waschen, abtrocknen und mit kochendem Wasser überbrühen. Die Haut abziehen, Kern entfernen und das Fruchtfleisch in kleine Stücke schneiden.

2 Die Fruchtstückchen mit dem Obstdicksaft pürieren. In die Eismaschine füllen und gefrieren lassen.

Pro Portion:

401/96 kJ/kcal • 1 g Eiweiß
0 g Fett • 22 g Kohlenhydrate
2 g Ballaststoffe
0 mg Cholesterin • 1,8 BE

Tipp Das Fruchtsorbet schmeckt auch mit Erdbeeren köstlich. Feiner wird das Sorbet, wenn man Eischnee von 1 Eiweiß unterzieht und mit einem Teelöffel Naturvanille würzt. Wer den Geschmack der Früchte betonen möchte, ersetzt den Obstdicksaft durch 4 Esslöffel Vollzucker.

Für 6 Portionen

- 800 g vollreife Pfirsiche
- 4 EL Obstdicksaft

Himbeersorbet mit Fruchtsauce

Für 4 Portionen

1 Die Himbeeren waschen und mit dem Dicksaft pürieren.

2 In die Eismaschine füllen und gefrieren lassen.

3 In der Zwischenzeit die Aprikosen waschen und entsteinen, klein schneiden und mit wenig Wasser 5 Minuten dünsten. Die gekochten Aprikosen in einem Mixer pürieren und durch ein Sieb streichen.

4 Die restlichen Himbeeren waschen und ebenfalls durch ein Sieb streichen. Aprikosen- und Himbeerpüree mit jeweils 1 Esslöffel Apfeldicksaft verrühren. Mindestens 2 Stunden kalt stellen.

5 Beide Fruchtsaucen löffelweise auf vier Teller geben. Mit einem Löffelstiel leicht marmorieren. Das Sorbet noch einmal kräftig durchrühren und auf den Fruchtsaucen anrichten.

Sorbet:
- 500 g Himbeeren
- 4 EL Obstdicksaft oder Apfelsüße

Sauce:
- 250 g Aprikosen
- 250 g Himbeeren
- 2 EL Apfeldicksaft

Pro Portion:

823/196 kJ/kcal • 1 g Eiweiß
0 g Fett • 40 g Kohlenhydrate
9 g Ballaststoffe
0 mg Cholesterin • 3,3 BE

Tipp Wer eine reiche Himbeerernte oder Erdbeerschwemme hat, kann sich einen fruchtigen Vorrat anlegen: Wenn man die ganzen Früchte einfriert, sind sie nach dem Auftauen weich, manchmal sogar matschig. Deswegen die Früchte wie bei der Himbeersauce zubereiten und portionsweise einfrieren.

Buttermilch-Orangen-Eis

1 Die Buttermilch mit dem Orangensaft und der Apfelsüße verrühren.

2 Das Eiweiß mit den Quirlen des Handrührgeräts steif schlagen und vorsichtig unterziehen.

3 Die Mischung in Portionsbecher oder Stieleisformen füllen, zudecken und gefrieren.

4 Unbedingt frisch gepressten Orangensaft verwenden! Mit abgefülltem Saft gelingt es nicht.

Pro Portion:

267/64 kJ/kcal • 4 g Eiweiß
0 g Fett • 11 g Kohlenhydrate
0 g Ballaststoffe
2 mg Cholesterin • 0,9 BE

Für 2 Portionen

- $1/8$ l Buttermilch
- 2 EL frisch gepresster Orangensaft
- 2 EL Apfelsüße
- 1 Eiweiß

Ganz einfach, schnell und unwiderstehlich: Aus nur zwei Zutaten – Erdbeeren und Apfelsaft – wird ein unvergleichlicher Drink gemixt.

Mangogranité

1 Die Mangos schälen und vom Stein lösen. Das Fruchtfleisch pürieren.

2 Das Mangopüree mit Zitronensaft, Weißwein und Mineralwasser mischen und im Gefriergerät anfrieren. Zwischendurch mehrmals gut durchrühren.

3 Das Eiweiß steif schlagen und mit einem Schneebesen unter die leicht gefrorene Mangomasse heben. Nach Geschmack mit Honig süßen. Im Gefriergerät fest werden lassen.

4 10 Minuten vor dem Servieren aus dem Gefriergerät nehmen und antauen. Dann auf Dessertschalen verteilen.

Für 4 Portionen

- 3 vollreife Mangos
- Saft von 1/2 Zitrone
- 100 ml trockener Weißwein
- 100 ml Mineralwasser
- 1 Eiweiß
- Honig nach Geschmack

Pro Portion:

380/91 kJ/kcal • 1 g Eiweiß
0 g Fett • 15 g Kohlenhydrate
1 g Ballaststoffe
0 mg Cholesterin • 1,3 BE

Tipp (Mango-)Granité mit Sekt als Aperitif servieren.

Saftiges gegen Hunger und Durst

Viel trinken hält fit! Das klappt am besten mit viel Abwechslung bei den Getränken. Je größer die Palette an Tees, Säften, Brausen und Milchshakes, desto mehr wird getrunken (so eine Trinkstudie des Getränkeverbands). Vielfalt im Glas komponiert man auch ohne Zuckersüße. Wer gezuckerte Getränke ablehnt, aber nicht nur zu Mineralwasser greifen will, findet hier ein paar köstliche Rezeptideen für Groß und Klein.

Bananenmilchshake

1 Die Bananen schälen, mit der Milch und dem Zitronensaft pürieren.
2 In Gläser füllen und am besten eiskalt servieren.

Pro Portion:
535/128 kJ/kcal • 5 g Eiweiß
2 g Fett • 20 g Kohlenhydrate
3 g Ballaststoffe
7 mg Cholesterin • 1,7 BE

Für 4 Portionen
- 2 vollreife Bananen
- 1/2 l fettarme Milch
- 1 Spritzer Zitronensaft

Tipp Erfrischender werden Milchshakes, wenn man sie mit Buttermilch mixt. Bringen Sie Farbe ins Spiel und ersetzen die Bananen durch Erdbeeren, Brombeeren, Kiwis. Kiwimilchshakes sofort trinken, sonst wird die Milch bitter. Einige Früchte an den Glasrand gesteckt, machen die Drinks noch verführerischer.

Eiskalter Apfel-Erdbeer-Drink

1 Die Erdbeeren waschen, putzen und pürieren. 2 Erdbeeren zum Garnieren zurückbehalten.
2 Den Apfelsaft mit dem Erdbeerpüree vermischen.
3 Die Eiswürfel im Mixer zerkleinern und in Gläser füllen (etwa 1/3 des Glases). Den Saft auf das Eis schütten und mit je einer Erdbeere und einigen Blättchen Pfefferminze garnieren.

Pro Portion:
443/106 kJ/kcal • 1 g Eiweiß
1 g Fett • 21 g Kohlenhydrate
6 g Ballaststoffe
0 mg Cholesterin • 1,8 BE

Für 2 Portionen
- 250 g Erdbeeren
- 1/4 l Apfelsaft
- Eiswürfel
- einige Blättchen Pfefferminze

- 500 g Himbeeren
- 300 ml frisch gepresster Orangensaft
- 1 Flasche herben Cidre
- Eiswürfel

Französische Himbeerbowle

1 Die Himbeeren waschen, in eine Schüssel geben und 2 Stunden lang im Orangensaft ziehen lassen.

2 Den Cidre langsam hinzugeben und vorsichtig umrühren, damit wenig Kohlensäure entweicht. In die Bowlegläser einige Eiswürfel geben und mit der Himbeerbowle auffüllen.

Pro Portion:
326/78 kJ/kcal • 1 g Eiweiß
0 g Fett • 9 g Kohlenhydrate
5 g Ballaststoffe
0 mg Cholesterin • 0,7 BE

Tipp Cidre ist ein 3,5- bis 5-prozentiger Apfelwein, der in den Geschmacksrichtungen lieblich oder herb angeboten wird. Cidre lässt sich gut selbst herstellen. Dafür in eine Flasche naturtrüben Apfelsaft einige Körnchen Trockenhefe geben und 2 Tage bei Zimmertemperatur stehen lassen. Nur mit Gaze oder Küchenpapier bedecken. Steigen kleine Bläschen empor, so hat die Gärung eingesetzt. In diesem Stadium schmeckt der Cidre prickelnd und hat wenig Alkohol. Vor dem Servieren gut kühlen.

Info Eine Orange ergibt etwa 50 Milliliter Saft.

Marzipanmilch

1 Milch, Marzipanessenz und Reismalz miteinander mischen.

2 Die Marzipanmilch gut gekühlt servieren.

Pro Portion:
941/225 kJ/kcal • 8 g Eiweiß
9 g Fett • 27 g Kohlenhydrate
0 g Ballaststoffe
29 mg Cholesterin • 2,2 BE

Tipp Reformhäuser und gut sortierte Supermärkte bieten eine große Auswahl an fruchtigen Essenzen an. Mit ihnen können Milchshakes, Fruchtsaucen, Obstsalate, Kuchen und cremige Desserts aromatisiert werden. Süßen Sie, wenn möglich, erst nach Zugabe der Essenzen.

Für 2 Portionen

- 1/2 l Milch
- 2 EL Marzipanessenz
- 2 EL Reismalz

Fitnessdrink

1 Die Kiwi schälen und im Mixer pürieren.
2 Die beiden Säfte hinzufügen und alles vermischen.
3 In Gläser abfüllen. Nach Geschmack und Jahreszeit einige Eiswürfel hinzugeben und mit Kiwischeiben sowie Orangenscheiben garnieren. Möglichst bald trinken.

Pro Portion:
493/118 kJ/kcal • 1 g Eiweiß
1 g Fett • 24 g Kohlenhydrate
5 g Ballaststoffe
0 mg Cholesterin • 2 BE

Für 2 Portionen

- 1 Kiwi
- 200 ml Apfelsaft
- 200 ml Orangensaft
- Eiswürfel
- 2 Kiwi- und 2 Orangenscheiben

Heißes zum Sattessen

Süße Hauptspeisen sind bei Alt und Jung immer beliebt. Wenn frische Früchte, Vollkorngetreide und alternative Süßungsmittel eingesetzt werden, sind sie auch vollwertige Gerichte.

Aprikosenauflauf

1 Die Aprikosen waschen und entsteinen. Brot fein zerkrümeln und mit den Walnüssen in etwa 50 Gramm Fett knusprig rösten. Mit den Aprikosen und der Hälfte des Zuckers vermischen.
2 Das restliche Fett und den Zucker mit dem Handrührgerät schaumig rühren. Zimt, Vanillepulver, Salz und Zitronenschale unterrühren. Die Eier trennen und die Eigelbe nacheinander unter die Fettmischung rühren.
3 Die Eiweiße steif schlagen und auf die Eiercreme geben.
Die Aprikosenmischung darüber verteilen und alles locker, aber gründlich mischen.
4 Den Teig in eine gefettete, hohe Auflaufform füllen und bei 180 °C (Umluft 160 °C, Gas Stufe 2–3) auf mittlerer Schiene etwa 40 Minuten backen, bis er schön gebräunt ist.

Pro Portion:
2788/667 kJ/kcal • 14 g Eiweiß
41 g Fett • 54 g Kohlenhydrate
7 g Ballaststoffe
330 mg Cholesterin • 4,5 BE

Für 4 Portionen

- 500 g Aprikosen
- 150 g Vollkornbrot in dünnen Scheiben
- 50 g fein gehackte Walnüsse
- 150 g Butter oder Margarine
- 100 g Vollzucker
- 1 TL Zimtpulver
- $1/2$ TL Vanillepulver
- 1 Prise Salz
- abgeriebene Schale von $1/2$ unbehandelten Zitrone
- 4 Eier

Für 4 Portionen

- 250 g Topfen oder Magerquark
- 250 g körniger Frischkäse
- 4 Eier
- 200 g Grieß
- 40 g Mehl
- Jodsalz
- 500 g Himbeeren
- abgeriebene Schale von
  1 unbehandelten Zitrone
- 2 EL Honig
- ½ TL Zimtpulver
- 40 g Butter
- 60 g Semmelbrösel
- 2 EL Vollrohrzucker

Topfenknödel mit Himbeersauce

1 Den Quark in einem Haarsieb oder Küchentuch ausdrücken. Den Frischkäse gut abtropfen lassen. Zusammen mit Eiern, Grieß, Mehl und 1 Prise Salz gut verrühren. 30 Minuten quellen lassen.

2 In der Zwischenzeit Himbeeren mit Zitronenschale, Honig und Zimt in einem Mixer oder mit einem Pürierstab pürieren.

3 Reichlich Wasser mit Salz zum Kochen bringen. Mit einem Esslöffel von der Quarkmasse kleine Knödel abstechen und in das kochende Wasser einlegen. Einmal aufkochen lassen und anschließend die Knödel bei geringer Hitze und halb geschlossenem Topf etwa 15 Minuten ziehen lassen.

4 Butter in einer Pfanne zerlassen, die Brösel dazugeben und leicht anrösten. Dann den Vollrohrzucker untermischen.

5 Die Quarkknödel mit einem Schaumlöffel aus dem Wasser heben, abtropfen lassen und in den Butterbröseln schwenken. Mit der Himbeersauce servieren.

Pro Portion:

2743/656 kJ/kcal • 34 g Eiweiß
19 g Fett • 76 g Kohlenhydrate
12 g Ballaststoffe
274 mg Cholesterin • 6,3 BE

Für ca. 10 Waffeln

- 125 g Butter
- 4 Eier
- 250 g Mehl
- 1 EL Backpulver
- ⅜ l Buttermilch
- 1 Prise Jodsalz
- 1 EL Vollzucker

Buttermilchwaffeln

1 Die Butter und die Eier schaumig rühren. Mehl und Backpulver mischen und abwechselnd mit der Buttermilch zum Teig geben. Alles gut verrühren. Zum Schluss das Jodsalz und den Vollzucker unter den Teig heben. Rühren, bis sich der Zucker gelöst hat.

2 Ein Waffeleisen vorheizen, gut einfetten und Waffeln ausbacken, bis sie goldgelb sind.

Pro Stück:

999/239 kJ/kcal • 7 g Eiweiß
14 g Fett • 19 g Kohlenhydrate
2 g Ballaststoffe
127 mg Cholesterin • 1,6 BE

Tipp Die fertigen Waffeln nebeneinander gelegt im Ofen warm halten. Dann bleiben sie bis zum Verzehr knusprig.

Bratäpfel mit Eierlikör-Quark-Sauce

1 Die Äpfel waschen und das Kerngehäuse ausstechen.

2 4 Esslöffel Quark mit den Eigelben, dem Honig, den Pflaumen und 2 Esslöffeln Haselnüssen verrühren.

3 Jeden Apfel auf ein Stück Alufolie setzen und mit der Quarkmasse füllen. Die Alufolie um die Äpfel drücken und oben fest verschließen. Im vorgeheizten Backofen bei 220 °C (Umluft 200 °C, Gas Stufe 3–4) etwa 45 Minuten backen.

4 Den restlichen Quark mit dem Eierlikör cremig rühren und mit dem Vanillepulver und dem Zitronensaft abschmecken.

5 Die Bratäpfel auf Tellern anrichten und mit 1 Esslöffel gehackten Haselnüssen bestreuen. Dazu die Eierlikörsauce reichen.

Pro Portion:

1367/327 kJ/kcal • 9 g Eiweiß
16 g Fett • 28 g Kohlenhydrate
5 g Ballaststoffe
184 mg Cholesterin • 2,3 BE

Für 4 Portionen

- 4 säuerliche Äpfel
- 250 g Quark
- 2 Eigelbe
- 1 EL Honig
- 2 EL fein gehackte, getrocknete Pflaumen
- 3 EL gehackte Haselnüsse
- Alufolie
- 4 cl Eierlikör
- 1 TL Vanillepulver
- 1 EL Zitronensaft

Können Bratäpfel so köstlich schmecken? Mit der etwas anderen Füllung aus Quark, Honig und Pflaumen werden die Äpfel zum reinen Genuss.

Für 4 Portionen

- 300 g Mehl
- 2 EL Öl
- 2 Eigelbe
- Jodsalz
- 250 g Müsli ohne Zucker
- 200 ml Milch
- 100 g fettarmer Joghurt
- 100 g Honig
- 2 Äpfel
- 2 Bananen
- 50 g Sultaninen
- Saft von 1 Orange
- Butter zum Bestreichen des Strudels

Müsli-Frucht-Strudel

1 Das Mehl in eine Schüssel geben und das Öl, die Eigelbe, etwas Jodsalz und 3 bis 4 Esslöffel Wasser hinzufügen. Alles zu einem glatten Teig verkneten. Diesen in Frischhaltefolie wickeln und etwa 2 Stunden kühl stellen.

2 Das Müsli zusammen mit der Milch, dem Joghurt und dem Honig in eine Schüssel geben. Die Äpfel waschen, schälen, vierteln, entkernen und in Würfel schneiden. Die Bananen schälen, in Scheiben schneiden und zusammen mit den Apfelwürfeln, den Sultaninen und dem Orangensaft zu der Müslimasse geben. Die Mischung etwa 1 Stunde quellen lassen.

3 Den Backofen auf 200 °C (Umluft 180 °C, Gas Stufe 3–4) vorheizen. Den Strudelteig auf einem bemehlten Tuch zunächst ausrollen, dann mit den Händen hauchdünn auf etwa 40×30 Zentimeter ausziehen. Die Füllmasse auf 1/3 des Teigs streichen, dabei einen schmalen Rand lassen. Die Teigränder einschlagen und den Strudel der Länge nach zusammenrollen.

4 Den Strudel auf ein mit Backpapier ausgelegtes Backblech setzen. Etwa 2 Esslöffel Butter zerlassen und mit einem Backpinsel auf den Strudel streichen. Den Strudel im Ofen etwa 30 bis 35 Minuten backen, herausnehmen, kurz ruhen lassen, aufschneiden und servieren.

Pro Portion:

3512/840 kJ/kcal • 21 g Eiweiß
20 g Fett • 132 g Kohlenhydrate
16 g Ballaststoffe
165 mg Cholesterin • 11 BE

Info Um einen Strudelteig dünn ausziehen zu können, braucht man das richtige Mehl und etwas Geduld. Sehr gut geeignet ist doppelgriffiges Mehl, unter dem Namen »Wiener Grießler« im Handel. Dieses Mehl bildet einen sehr elastischen Teig, der sich gut ziehen lässt. Zum Ziehen muss die Masse ausreichend geruht haben. Mit gut bemehlten Händen wird von der Mitte aus langsam nach außen gezogen. Den wulstigen Rand kann man am Schluss abschneiden oder nochmals ausrollen.

Quarkauflauf mit Kirschen

1 Die Butter mit dem Honig und den Eigelben schaumig rühren. Quark, Zitronenschale, Vanillearoma und Jodsalz dazugeben und vermischen.

2 Die Eiweiße steif schlagen und leicht unterheben. Eine gefettete und mit gemahlenen Haselnüssen ausgestaubte Form mit der Hälfte der Quarkmasse bestreichen. Die abgetropften Kirschen darauf legen.

3 Die Kirschenschicht mit der restlichen Quarkmasse bedecken und im vorgeheizten Backofen bei 200° C (Umluft 180 °C, Gas Stufe 3–4) etwa 25 Minuten goldbraun backen.

Pro Portion:
2329/557 kJ/kcal • 29 g Eiweiß
26 g Fett • 42 g Kohlenhydrate
1 g Ballaststoffe
400 mg Cholesterin • 3,5 BE

Für 4 Portionen
- 50 g Butter oder Margarine
- 50 g Honig
- 6 Eigelbe
- 500 g Magerquark
- abgeriebene Schale 1 Zitrone
- etwas Vanillearoma
- 1 Prise Jodsalz
- 6 Eiweiße
- 1 EL Butter oder Margarine zum Ausfetten
- 1 EL gemahlene Haselnüsse
- 1 Glas entkernte Sauerkirschen ohne Zuckerzusatz (ca. 500 g)

Apfelpfannkuchen

1 Die Eier in einer Schüssel schaumig schlagen. Abwechselnd das Mehl und die Buttermilch unterrühren, anschließend Haselnüsse, Mineralwasser und Salz hinzufügen und alles gut verrühren.

2 Die Äpfel waschen, schälen und mit einem Apfelausstecher vom Kerngehäuse befreien. In Ringe schneiden.

3 1 Teelöffel Butterschmalz in einer Pfanne zerlassen, Apfelringe hineinlegen und 1/4 des Teigs darüber verteilen. Mit geschlossenem Deckel etwa 3 Minuten goldgelb backen, dann wenden und fertig backen. Warm stellen.

4 Anschließend 3 weitere Pfannkuchen backen, auf Tellern verteilen, mit Zimt bestäuben und mit Ahornsirup beträufeln.

Pro Portion:
1923/460 kJ/kcal • 16 g Eiweiß
22 g Fett • 43 g Kohlenhydrate
6 g Ballaststoffe
205 mg Cholesterin • 3,6 BE

Für 4 Portionen
- 3 Eier
- 150 g Mehl
- 1/2 l Buttermilch
- 50 g gemahlene Haselnüsse
- 1 EL Mineralwasser
- 1 Prise Jodsalz
- 3 kleine Äpfel
- 4 TL Butterschmalz
- Zimtpulver
- 4 TL Ahornsirup

Tipp Für Apfelpfannkuchen möglichst säuerliche Äpfel verwenden. Am besten eignen sich Boskop.

Für 4 Portionen

Crêpeteig:
- 200 g Mehl
- 2 Eier
- 2 Eigelbe
- etwa 300 ml Milch
- 1 EL Sonnenblumenöl
- 1 EL Vollrohrzucker
- 1 Prise Jodsalz
- Butter zum Ausbacken

Füllung:
- 500 g reife Pfirsiche
- 50 g Butter
- 4 EL Vollrohrzucker
- Schale und Saft von 1 Zitrone
- 3 EL gehackte Walnüsse

Crêpes mit Karamellpfirsichen

1 Aus Mehl, Eiern, Eigelben, Milch, Öl, Vollrohrzucker und Salz einen geschmeidigen Crêpeteig herstellen. Den Teig 30 Minuten ruhen lassen. Von diesem Teig in einer kleinen Pfanne mit etwas Butter nacheinander ganz dünne, helle Crêpes ausbacken.

2 Die Pfirsiche mit heißem Wasser überbrühen und anschließend die Haut abziehen. Vom Kern befreien und in schmale Spalten schneiden.

3 Die Butter in einer Pfanne erhitzen, den Vollrohrzucker hinzugeben und das Ganze bei geringer Hitze unter ständigem Rühren karamellisieren lassen. Die abgeriebene Zitronenschale, den Zitronensaft sowie die Pfirsichspalten dazugeben und alles noch einmal unter Rühren kurz aufkochen.

4 Die Crêpes mit den karamellisierten Früchten füllen, aufrollen und mit gehackten Walnüssen bestreut sofort servieren.

Pro Portion:
2693/644 kJ/kcal • 17 g Eiweiß
25 g Fett • 81 g Kohlenhydrate
9 g Ballaststoffe
313 mg Cholesterin • 6,8 BE

Für 4 Portionen

- 1 kg Erdbeeren
- 250 g Sahne
- 8 Eigelbe
- 4 EL Vollzucker
- Mark 1 ausgeschabten Vanilleschote
- abgeriebene Schale von 1 Zitrone
- 40 g Mandeln

Erdbeergratin

1 Die Erdbeeren waschen und putzen. Je nach Größe vierteln und halbieren.

2 Die Sahne steif schlagen. Die Eigelbe mit Vollzucker, Vanillemark, abgeriebener Zitronenschale verrühren und unter die Sahne heben.

3 ³/₄ der Erdbeeren in eine große, feuerfeste Form legen. Dann die Sahnemasse darüber geben. Die restlichen Erdbeeren darauf verteilen. Im vorgeheizten Grill oder Backofen bei höchster Stufe goldbraun gratinieren.

4 Die Mandeln in einer beschichteten Pfanne ohne Fett goldbraun rösten, hacken und über das Gratin streuen.

Pro Portion:
2437/583 kJ/kcal • 13 g Eiweiß
42 g Fett • 32 g Kohlenhydrate
7 g Ballaststoffe
698 mg Cholesterin • 2,7 BE

Kaiserschmarren

Für 2 Portionen

- 4 Eigelbe
- 2 EL Apfelsüße
- 1/4 l Milch
- 125 g Mehl
- 1 Prise Jodsalz
- 50 g Rosinen
- 4 Eiweiße
- Butter zum Ausbacken

1 Die Eigelbe mit der Apfelsüße schaumig rühren. Dann nach und nach die Milch, das Mehl, das Salz und die Rosinen unterrühren.

2 Eiweiße steif schlagen und vorsichtig unter die Eigelbmasse heben.

3 In einer Pfanne mit Butter den Teig nach und nach wie Pfannkuchen backen, allerdings wird der Kaiserschmarren nach dem Umdrehen sofort mit zwei Gabeln zerrissen und nur noch kurz fertig gebacken.

4 Den Kaiserschmarren anschließend auf heißen Tellern anrichten und servieren.

Pro Portion:

2617/626 kJ/kcal • 26 g Eiweiß
22 g Fett • 73 g Kohlenhydrate
7 g Ballaststoffe
645 mg Cholesterin • 6,1 BE

Tipp Schmeckt am besten mit frisch gekochtem Apfelmus.

Köstlich karamellisiert und fruchtig gefüllt – je dünner Sie den Crêpeteig ausbacken, desto intensiver kommen die Früchte zur Geltung.

Ofenfrisches

Selbst gebackene Kuchen sind einfach unübertroffen und werden in aller Regel jedem gekauften Gebäck vorgezogen. Ob frische Früchte, Honig oder Schokolade – diese Zutaten geben den Kuchen eine schmackhafte und dezente Süße.

Apfelstrudel

Für 16 Stück

Teig:
- 300 g Mehl
- 2 EL Sonnenblumenöl
- 1 Ei
- 1 Prise Jodsalz

Füllung:
- 1 1/2 kg saure Äpfel (z. B. Boskop)
- 4 EL Apfelsüße
- 50 g Rosinen
- 1 TL Zimt
- 50 g Butter
- 50 g Semmelbrösel

1 Die Zutaten für den Teig zusammen mit etwa 1/8 Liter Wasser in eine Schüssel geben und zu einem glatten, zähen Teig verarbeiten. Kräftig durchkneten, damit er geschmeidig wird. Den Teig zu einer Kugel formen, mit etwas Öl bestreichen und unter einem kleinen Topf, der zuvor mit heißem Wasser angewärmt wurde, mindestens 30 Minuten ruhen lassen.

2 Die Äpfel waschen, schälen und fein raspeln. Die Apfelraspel in einem Topf kurz aufkochen lassen und anschließend mit der Apfelsüße, den Rosinen und dem Zimt mischen.

3 Den Teig auf einem mit Mehl bestäubten Tuch so dünn wie möglich ausrollen. Dann mit den Händen unter den Teig fahren und den Teig über die Handrücken ziehen, bis man durchsehen kann.

4 Die Butter in einem kleinen Topf zerlassen und 2/3 des Teigs damit bestreichen. Die Semmelbrösel darüber streuen und die Apfelfüllung gleichmäßig darauf verteilen. Links und rechts einen etwa 3 Zentimeter breiten Rand frei lassen.

5 Die Teigränder einschlagen und den Strudel der Länge nach zusammenrollen.

6 Den Apfelstrudel auf ein gefettetes Backblech legen. Das Blech in den kalten Backofen schieben (mittlere Schiene) und den Strudel bei 175 °C (Umluft 160 °C, Gas Stufe 1–2) etwa 35 Minuten backen. Auskühlen lassen und nach Belieben mit Sahne oder Vanilleeis servieren.

Pro Stück:
778/186 kJ/kcal • 3 g Eiweiß
5 g Fett • 29 g Kohlenhydrate
4 g Ballaststoffe
23 mg Cholesterin • 2,4 BE

Französischer Apfelkuchen

1 Mehl, Honig, Butter und Ei zu einem geschmeidigen Teig verarbeiten und mindestens 30 Minuten an einem kühlen Ort ruhen lassen. Den Backofen auf 160 °C (Umluft 140 °C, Gas Stufe 1) vorheizen.

2 Die Äpfel waschen, schälen und in dünne Spalten schneiden.

3 Den Teig ausrollen und in eine ausgefettete Springform legen. Die Apfelspalten kreisförmig und dicht auf den Teig legen. Anschließend mit dem Aprikosenfruchtaufstrich bestreichen.

4 Im vorgeheizten Backofen bei 160° C (Umluft 140 °C, Gas Stufe 1) etwa 25 Minuten backen.

Pro Stück:

1033/247 kJ/kcal • 3 g Eiweiß
11 g Fett • 33 g Kohlenhydrate
4 g Ballaststoffe
46 mg Cholesterin • 2,7 BE

Für 12 Stück

- 250 g Mehl
- 125 g Honig
- 125 g Butter
- 1 Ei
- 1 kg Äpfel
- 1 TL Butter
- 50 g Aprikosenfruchtaufstrich (ohne Zucker)

Falls der Fruchtaufstrich zu fest ist, zuvor kurz im warmen Wasserbad erhitzen. Dann lässt er sich besser verteilen.

Versunkener Aprikosenkuchen

1 Die Butter oder Margarine mit dem Vollzucker schaumig rühren. Die Eier nach und nach zugeben und gut verrühren. Den Zitronensaft und die -schale unterrühren.

2 Das Mehl mit dem Backpulver und dem Jodsalz mischen und löffelweise unter die Masse rühren. Je nach Bedarf etwas Milch zugeben, bis der Teig schwer reißend vom Löffel fällt. Eine Springform ausfetten, mit Semmelbröseln bestreuen und den Teig einfüllen.

3 Die Aprikosen waschen, halbieren und entkernen. Die Aprikosenhälften gleichmäßig auf dem Teig verteilen und leicht hineindrücken.

4 Den Aprikosenkuchen im Backofen bei 175 °C (Umluft 160 °C, Gas Stufe 2) etwa 50 Minuten backen.

5 Den noch warmen Kuchen dünn mit Aprikosenfruchtaufstrich bestreichen und erkalten lassen.

Pro Stück:

1827/437 kJ/kcal • 7 g Eiweiß
21 g Fett • 51 g Kohlenhydrate
4 g Ballaststoffe
131 mg Cholesterin • 4,3 BE

Für 12 Stück

- 250 g Butter oder Margarine
- 250 g Vollzucker
- 4 Eier
- Saft und abgeriebene Schale von 1 Zitrone
- 450 g Mehl
- 1 Päckchen Backpulver
- 1 Prise Jodsalz
- etwas Milch
- Semmelbrösel für die Form
- 500 g Aprikosen
- etwas Aprikosenfruchtaufstrich (ohne Zucker)

Birnen-Quark-Kuchen

Teig:
- ¹/₂ mittelgroße Birne (ca. 80 g)
- 150 g Grahammehl
- 50 g Weizenmehl
- 1 gehäufter TL Backpulver
- 1 Ei
- 80 g Butter oder Margarine
- ca. 75 ml Birnensaft

Belag:
- 500 g Birnen
- 1 kg Magerquark
- 4 cl Birnengeist
- 2 EL Apfelsüße
- Saft von ¹/₂ Zitrone
- 8 Blatt weiße Gelatine
- ¹/₄ l Birnensaft

1 Die halbe Birne klein schneiden und in wenig Wasser dünsten. Anschließend fein pürieren. Mehl mit dem Backpulver mischen und zusammen mit dem Birnenpüree, dem Ei und der Butter oder Margarine in eine Schüssel geben.

2 Alles unter langsamer Zugabe des Birnensafts zu einem geschmeidigen Teig kneten. Eine Kugel formen und mindestens 1 Stunde im Kühlschrank ruhen lassen. Den Backofen auf 175 °C (Umluft 155 °C, Gas Stufe 2) vorheizen.

3 Den Teig ausrollen und in eine gefettete, mit Semmelbröseln ausgestreute Springform legen. Den Rand nicht vergessen. Den Boden mit einer Gabel mehrmals einstechen und im vorgeheizten Backofen bei 175 °C (Umluft 155 °C, Gas Stufe 2) etwa 25 Minuten backen. Den Kuchen auskühlen lassen.

4 In der Zwischenzeit die Birnen waschen, schälen, halbieren und entkernen. In wenig Wasser bissfest dünsten. Den Quark mit dem Birnengeist, der Apfelsüße und dem Zitronensaft glatt rühren.

5 Die Gelatine in kaltem Wasser einweichen, gut ausdrücken und im erwärmten Birnensaft auflösen. Unter die Quarkmasse rühren. Sobald die Masse steif zu werden beginnt, die Hälfte der Birnen auf den Kuchenboden legen und die Quarkmasse darüber streichen, so dass eine Kuppel entsteht. Die restlichen Birnenhälften sternförmig auf der Quarkmasse verteilen. Anschließend etwa 1 Stunde kalt stellen.

Pro Stück:
836/200 kJ/kcal • 8 g Eiweiß
7 g Fett • 22 g Kohlenhydrate
3 g Ballaststoffe
36 mg Cholesterin • 1,8 BE

Tipp Gut gelingt der Kuchen auch mit Äpfeln, Pfirsichen, Nektarinen oder Aprikosen. Zur Verstärkung des fruchtigen Geschmacks können Sie den Kuchen mit Gewürzen wie Zimt oder Nelken aromatisieren. Oder geben Sie etwas Rumaroma oder einige Tropfen Obstlikör dazu.

Brownies

1 Butter mit 100 Milliliter Wasser schmelzen lassen. Zucker und Vanillemark zugeben und unter Rühren auflösen.

2 Die Hälfte der Schokolade zugeben, schmelzen, in eine Rührschüssel geben und die Eier unterrühren. Nüsse und restliche Schokolade fein hacken.

3 Mehl, Backpulver und Salz unter die Masse rühren. Die Nüsse grob hacken und die Schokolade unterheben.

4 Teig in eine kleine, ausgefettete Kuchenform geben und die Brownies bei 160 °C (Umluft 140 °C, Gas Stufe 1) in etwa 40 Minuten backen.

5 Brownies abkühlen lassen und in etwa 4 x 4 Zentimeter große Stücke schneiden.

Pro Stück:

740/177 kJ/kcal • 3 g Eiweiß
9 g Fett • 20 g Kohlenhydrate
2 g Ballaststoffe
35 mg Cholesterin • 1,7 BE

Für 20 Stück

- 90 g Butter
- 185 g Vollzucker
- Mark ½ Vanilleschote
- 200 g Zartbitterschokolade mit Vollzucker
- 2 Eier
- 100 g Walnüsse (ersatzweise Haselnusskerne)
- 185 g Mehl
- 2 Messerspitzen Backpulver
- 1 Prise Jodsalz

Ein Hauch von Amerika – die Brownies schmecken besonders gut, wenn die Nüsse nur grob zerkleinert werden.

Für ca. 15 Stück

- 125 g Butter oder Margarine
- 200 g Honig
- 3 Eier
- 125 g Magerquark
- Schale von 1 Zitrone
- 100 g Rosinen, ungeschwefelt
- 40 g geriebene Mandeln
- 400 g Mehl
- 1 Päckchen Backpulver
- $1/8$ l Milch
- Butter zum Ausfetten
- Semmelbrösel

Quarkrührkuchen

1 Butter, Honig und Eier schaumig rühren. Den Magerquark, die Zitronenschale, die Rosinen und die Mandeln dazugeben und gut vermischen. Den Backofen auf 175 °C (Umluft 155 °C, Gas Stufe 2) vorheizen.
2 Mehl mit Backpulver mischen und mit der Milch unter den Teig rühren.
3 Eine Kastenform ausfetten und mit Semmelbröseln aus-streuen. Den Teig einfüllen und im vorgeheizten Backofen bei 175 °C (Umluft 155 °C, Gas Stufe 2) etwa 1 Stunde backen.
4 Auf ein Gitter stürzen und gut auskühlen lassen.

Pro Stück:
1108/265 kJ/kcal • 6 g Eiweiß
11 g Fett • 33 g Kohlenhydrate
3 g Ballaststoffe
69 mg Cholesterin • 2,8 BE

Für 12 Stück

- 1 frische, reife Ananas
- 250 g Butter oder Margarine
- 4 kleine Eier
- Mark von $1/2$ Vanilleschote
- 1 Prise Jodsalz
- 125 g Zuckerrübensirup
- 3 EL Amaretto
- 300 g Mehl
- 1 Päckchen Backpulver
- 100 g Honigmarzipan-Rohmasse
- Butter zum Ausfetten
- Alufolie
- 200 g Sahne
- 1 Päckchen Sahnesteif
- gehackte Haselnüsse

Ananaskuchen

1 Die Ananas putzen, schälen und der Länge nach halbieren. Den Strunk herausschneiden und die Frucht in 1 Zentimeter große Würfel schneiden.
2 Butter mit den Eiern schaumig schlagen. Vanillemark, Jodsalz, Sirup und Amaretto unterrühren.
3 Das Mehl mit dem Backpulver mischen und esslöffelweise unter die Masse rühren. Feingewürfelte Marzipan-Rohmasse und Ananasstücke unterheben. Einige Stücke zum Verzieren beiseite legen.
4 Den Teig in eine gefettete Springform (etwa 20 Zentimeter Durchmesser) füllen und im Backofen bei 175° C (Umluft 155 °C, Gas Stufe 2) etwa 60 bis 70 Minuten backen. Nach der Hälfte der Backzeit den Kuchen mit Alufolie abdecken.
5 Sahne mit Sahnesteif steif schlagen. Den erkalteten Kuchen damit bestreichen. Rand mit Haselnüssen bestreuen und mit Ananasstücken verzieren.

Pro Stück:
1982/474 kJ/kcal • 8 g Eiweiß
31 g Fett • 36 g Kohlenhydrate
4 g Ballaststoffe
152 mg Cholesterin • 3 BE

Über die Autorin

Heidrun Fronek studierte nach ihrer Ausbildung zur Arzthelferin Haushalts- und Ernährungswissenschaften an der TU München/Weihenstephan. Sie ist im journalistischen Bereich tätig. Ihre thematischen Schwerpunkte liegen in den Bereichen gesunde Ernährung, Ernährungsmedizin und Säuglingsernährung. Hierzu publizierte sie bereits in diversen Fachzeitschriften.

Literaturnachweis

Binder, Franz; Wahler, Josef: Handbuch der gesunden Ernährung. Deutscher Taschenbuchverlag GmbH & Co. KG. München. 2. Auflage 1995
Henschel, Helga: Zucker & Konsorten. Humboldt-Taschenbuchverlag Jacobi KG. München 1995
Barth, Christian u.a. (Hrsg.): Zucker. Zeitschrift für Ernährung. Steinkopff Verlag. Darmstadt. Supplement 1990
Ökotest-Jahrgänge 1992 bis 1998

Produktnachweis

Die im Buch erwähnten Produkte erhalten Sie in Reformhäusern und Spinnradfilialen.
Bezugsquelle Kräutertee mit Stevia:
Bruno Fischer Naturkostversand GmbH,
In der Hahnecke 8, 64291 Darmstadt, Tel. 06150/82051

Hinweis

Das vorliegende Buch ist sorgfältig erarbeitet worden. Dennoch erfolgen alle Angaben ohne Gewähr. Weder Autorin noch Verlag können für eventuelle Nachteile oder Schäden, die aus den im Buch gemachten praktischen Hinweisen resultieren, eine Haftung übernehmen.

Bildnachweis

Alle Bilder stammen von Christian Kargl/Ute Schoenenburg, München, außer: AKG, Berlin: 6; Bilderberg, Hamburg: 9 (Frieder Blickle); Image Bank, München: 13 (Renzo Mancini), 47 (Marti Pie), 54 (Terje Rakke); Tony Stone, München: U4 (Christoph Burki), 1 (Victoria Pearson), 4 (Nick Dolding), 17 (James Darell), 18 (Tim Brown), 24 (John Fortunato), 27 (Bruce Avres), 28 (Chris Everard), 51 (Steve Taylor), 52 (Christel Rosenfeld), 55 (Steven Rothfeld)

Impressum

© 1999 Südwest Verlag GmbH in der Verlagshaus Goethestraße GmbH & Co. KG, München

Ökotrophologische Fachberatung:
Susanne Kirstein
Redaktion:
Christiane van Betteray, Angelika Westermeier
Projektleitung:
Stephanie Wenzel
Bildredaktion:
Ute Schoenenburg
Produktion:
Manfred Metzger
Umschlag:
Heinz Kraxenberger, München
DTP:
satz & repro Grieb, München
Druck:
Color Offset, München
Bindung:
Oldenbourg, München

Printed in Germany

Gedruckt auf chlor- und säurearmem Papier

ISBN: 3-517-07684-8

Rezepteregister

Sachregister